우리가
보낸
순간

■일러두기

이 책은 〈한국일보〉「김연수의 시로 여는 아침」을 바탕으로
작가가 새롭게 추리고 엮은 것이다.

우리가 보낸 순간

날마다 읽고 쓴다는 것 · 시

김연수

마음산책

우리가
  보낸
순간
날마다 읽고 쓴다는 것 • 시

1판 1쇄 발행 2010년 12월 20일
1판 14쇄 발행 2025년 10월 1일

지은이 | 김연수
펴낸이 | 정은숙
펴낸곳 | 마음산책

등록 | 2000년 7월 28일(제2000-000237호)
주소 | (우 04043) 서울시 마포구 잔다리로3안길 20
전화 | 대표 362-1452 편집 362-1451   팩스 | 362-1455
홈페이지 | www.maumsan.com
블로그 | blog.naver.com/maumsanchaek
트위터 | twitter.com/maumsanchaek
페이스북 | facebook.com/maumsan
인스타그램 | instagram.com/maumsanchaek
전자우편 | maum@maumsan.com

ISBN 978-89-6090-089-9 03810

* 책값은 뒤표지에 있습니다.

시를 읽는 즐거움은
오로지 무용하다는 것에서 비롯한다.
하루 중 얼마간을 그런 시간으로 할애하면
내 인생은 약간 고귀해진다.

□ 차례 □

1 우리의 포옹은 빛에 싸여

시간들 안현미	15
풀밭에서 조원규	18
마디 김창균	20
여름이 남기고 간 선물 박상수	23
입술의 문자 한세정	26
연인들 김행숙	29
혀 류인서	32
이제 불이 필요하지 않은 시각 김이듬	34
애월(涯月)에서 이대흠	36
바다가 허수경	38
물이 올 때 허은실	40
태양의 서쪽 김선재	43
바람의 가족 정영	46
사랑은 산책자 이병률	49
사랑은 이승희	52
첫사랑 류근	55
내일, 내일 유희경	58
푸른미선나무의 시 고형렬	60
내 가슴에서 지옥을 꺼내고 보니 이윤설	63

타인의 고통 박시하	66
사랑 박성우	69
병산서원에서 보내는 늦은 전언 서안나	71
큰파란바람의 저녁 김지녀	73
연 박준	76
리치몬드 제과점 이시영	79
나무를 모르는 나무 황성희	82
따뜻한 마음 김행숙	85
이것만 쓰네 이기철	88
낙화, 첫사랑 김선우	90
사랑의 미안 이영광	92
옷 -이문영에게 이정록	95
슬프고 외로우면 말해, 내가 웃겨줄게 신현림	98
신이 감춰둔 사랑 김승희	100

2 나는 내 인생이 마음에 들어

스물 강성은	105
노르웨이, 노르웨이 김이강	107
좋은 일들 심보선	110
밤과 나의 리토르넬로 김지녀	113
나는 내 인생이 마음에 들어 이근화	116
모란을 보러 갔다 조은	120
여름의 달력 하재연	122
개종 황인찬	125
동물원에서 오은	127
발 없는 새 이제니	130
그때에도 신해욱	133
아름답게 시작되는 시 진은영	135
오래된 유원지 박준	139
보이는 것을 바라는 것은 희망이 아니므로 마종기	141
묵상 장영수	143
아홉 가지 기분 이은규	145
마음의 달 천양희	148
겨우 장석주	150
1991년, 이사 박희수	153

청바지를 입어야 할 것 이근화	155
사곶 해안 박정대	158
멸치의 아이러니 진은영	161
교행(交行) 류인서	165
달의 공장 이기인	167
그렇지만 우리는 언젠가 모두 천사였을 거야 정한아	169
지구의 속도 김지녀	172
Edges of illusion (part VII) 정재학	175
가을이라고 하자 민구	178
걱정하지 마 걱정하지 마 최승자	181
생강나무 문성해	183
새의 부족 손택수	185

3 저무는 저녁에는 꽃 보러

달과 돌 이성미   191
겨울, 점점 여리게 박연준   194
내 머리카락에 잠든 물결 김경주   197
네 얼굴은 불빛 아래 하재연   200
모든 밤 박용하   203
손톱달 이태수   205
공허의 근육 김재훈   207
별이 뜰 때 이기철   210
봄비의 저녁 박주택   213
리옹驛에서 김영태   215
공원의 두이 이제니   217
어떤 여름 저녁에 김경미   220
하루 송재학   223
이 지구가 우주의 도시락이라면 김소연   226
내 나이 백이십 살 곽은영   229
마지막 가을 정진규   232
여름 나무의 추억 채호기   234
검은 달, 흰 달 조용미   237
젖지 않는 사람 이현승   239

안동식혜 안도현   241

눈 내리는 모래내의 밤 박형준   244

나무와 시 임선기   247

꽃차례 김명인   250

걸스카우트 조동범   253

4월아, 미안하다 심언주   256

저녁 스며드네 허수경   259

사춘기 – 야생동물 보호구역 6 권혁웅   262

잉크빛 그늘 권현형   265

책임을 다하다 문인수   268

으능의 가을 박기섭   270

가을이라는 물질 이기철   272

간밤에 추하다는 말을 들었다 허연   274

섬말 시편 – 잎 김신용   276

제 이름은 야한입니다 김민정   279

나의 인사 이영주   282

책을 내면서 – 날마다 시를 읽는다는 것   285

1

우리의 포옹은 빛에 싸여

시간들

안현미

침묵에 대하여 묻는 아이에게 가장 아름다운 대답은 침묵이다 시간에 대하여도 그렇다

태백산으로 말라죽은 나무들을 보러 갔던 여름이 있었지요

그때 앞서 걷던 당신의 뒷모습을 보면서 당신만큼 나이가 들면 나는 당신 같은 사람이 되고 싶다 하였습니다

이제 내가 그 나이만큼 되어 시간은 내게 당신 같은 사람이 되었냐고 묻고 있습니다 나는 대답을 할 수 없어 말라죽은 나무 옆에서 말라죽어가는 나무를 쳐다보기만 합니다

그러는 사이 바람은 안개를 부려놓았고 열일곱 걸음을 걸어가도 당신은 보이지 않습니다 당신의 시간을 따라갔으나 나의 시간은 그곳에 당도하지 못하였습니다

당신은, 당신은 수수께끼 당신에 대하여 묻는 내게 가장 아름다운 대답인 당신을 침묵과 함께 놓아두고 죽은 시간

열일곱 걸음을 더 걸어와 다시 말라죽은 나무들을 보러 태백에 왔습니다 한때 간곡하게 나이기를 바랐던 사랑은 인간의 일이었지만 그 사랑이 죽어서도 나무인 것은 시간들의 일이었습니다 십일월은 온몸으로 귀를 기울이는 법을 배우는 달이랄까요. 어느 밤, 무심결에 창문을 열고 집 앞 골목을 바라보노라니 작은 정원의 나무에서 숨을 내쉴 때마다 한 장씩 나뭇잎이 떨어지고 있더군요. 멀리서 아이가 달려가는 듯한 그 소리. 떨어지는 잎들을 보며 도루왕보다도 더 빨리 가을이 지나가고 있다는 걸 느끼지 못했더라면 그 희미한 소리, 하지만 마치 온 세상이 떨어져 내리는 듯 내 마음을 장중하게 울리던 그 소리를 듣지 못했겠죠.
 그리고 몇 개의 낮과 몇 개의 밤이 다시 지나가고 난 뒤, 나뭇잎들은 모두 떨어져 내렸어요. 청소부는 나무의 발치에 떨어진 잎들을 한데 모아 자루에 넣었죠. 그 자루에 나무의 한 해가 있다는 건 알겠는데, 그렇다면 그 소리들은 지금 어디에 있는 걸까요? 잎이 떨어지는 소리들이 어딘가에 있다면, 그 목소리들, 당신이 내게 들려준 수많은 말들도 거기에 있는 걸까요? 지나간 날의 소리들은 어떤 귀로 들어야만 하는 걸까요?

풀밭에서

조원규

풀잎들이 한 곳으로 쏠리네
바람 부니 물결이 친다고?
아니, 시간이 흐르기 때문이야

그해 팔월엔 어땠는 줄 알아?
풀잎들은 제자리에 미동도 없이
아무것도 가리키지 않았었지

풀 비린내에 내 가슴은 뛰고
지평선은 환하게 더욱 넓게
시간이 멈추곤 했기 때문이야

이리 와, 껴안아줘

사랑하는 사람이 처음 생기고, 그러다가 그 사람을 꽉 껴안을 수 있게 된다면, 일단 축하부터 드리구요, 그 다음으로는 혹시 당장 터질 것처럼 엄청난 소리를 내면서 심장이 뛰더라도 놀라지 말기를. 혹시 자기가 시한부 인생에 걸린 게 아닐까 걱정하는 사람이 있을까 봐. 대신에 자기 심장 소리에 귀를 기울여보시기를. 쿵 쿵 쿵. 한 번 심장이 뛰고 그 다음 심장이 뛸 때까지. 그 시간이 얼마나 길고도 또 짧은지 느껴보시기를. 그때가 바로 진실의 순간이니까.

그렇다면 진실이란? 사랑하는 사람을 안고 있는 동안에는 시간이 제멋대로 움직이다가, 때로는 숨을 죽이고 완전히 멈추기도 한다는 것. 50분 수업하고 10분 쉬는 시간 말고도 그런 시간이 이 세상에 있다는 걸 아는 순간부터 우린 좀 고독해지기 시작하죠.

마디

김창균

돌아돌아 강진 어디쯤이었던가
청대 숲에 든 적이 있다.
그때, 그때였지
그대의 손마디와 내 손마디가 서로를
아슬하게 잡고 걸었던 오래된 길
손 잡고 걷는 길은 늘
한 사람의 마음을 접는 것이어서
마디마다 힘주어 산 저들의 속을 닮아
마음 주는 사람은 속이 궁글고
많은 가지 중 하나를 택해
중심을 잡는 저들 앞에 서서
내가 선택해 걸었던 길들을
되짚어본다.

한 번 금 가면
발끝까지 쪼개지는 마음과
휘지 않는 말들도
내 앞에 앉혀보는 저녁

끄끝내
당신의 손마디가 아프게 부푸는 밤이다.

누군가의 손을 잡고 밤 10시가 넘은 8차선 대로를 가로질러 달려본 적이, 혹은 꿈결처럼 부드럽게 밟히는 공원길을 걸어본 적이 언제였는지 기억도 나지 않네요. 스무 살이 지나고 나서는 "나 혼자 갈 수 있으니까 걱정하지 마"라고 괜히 소리친 날도 많았습니다. 물론 여전히 그게 어떤 길이든 혼자서도 잘 갈 수 있다고 생각하지만, 이젠 일부러 소리치진 않아요. 삼십대가 되니까 다들 치사해져 서로가 서로에게 혼자 가줬으면 하는 눈치더라구요. 그러다가 상대방이 아슬아슬 넘어질 것 같아야 겨우 손을 내밀까 말까. 그건 눈물겨운 맞잡음이 아닐 수 없어요. 그렇게 발을 헛디디거나 비탈을 만나 비틀거릴 때만 누군가의 손을 잡았더니, 언제부터인가 다른 사람의 손만 잡으면 마음이 흔들흔들, 발길이 비틀비틀.

여름이 남기고 간 선물

박상수

그해 여름 우린 어딘지 서로를 위해 존재하는 오누이 같았다

섬은 목책 없이 멀리 이어진 산책길, 새벽안개가 사라질 때까지 생령들은 소근대며 피어올랐다 이파리가 물속에 잠겨 있는 버드나무 밑둥을 파헤치고 늙은 개가 새끼를 낳고 있었다 다가가면 백합 조개 깨진 껍질들만 가득했다

무너진 집 돌담 밑에서 이름이 지워진 수첩을 발견했다 엑스표는 많지만 동그라미는 없었다 십 년 전의 것이라고는 믿어지지 않았다

가묘를 파헤치고 육탈이 끝난 아이들의 뼈를 옮겼던 날에는 섬 사람들을 따라 해안가를 걸었다 제를 올리고 우리는 기름이 적은 육고기를 나누어 먹었다 씹을수록 너의 옷섶으로 부옇게 배어 나왔던 젖물

바람이 불고 배를 띄우고 물속에 뛰어든 네가 다시 돌아와 웃고 있었다 우린 손을 잡고 간수가 빠져나가길 기다리며 세워둔 소

금자루처럼 앉아 있었다

촛불은 흔들리고 꽃등은 밤마다 위를 둥실둥실 떠가고

깨진 거울을 주워 모았고 수은을 벗겨내 서로의 얼굴에 고운 가루를 발라주었던 날, 마호병에서 온수를 따라 세 번 나누어 마셨다 폭풍 치던 마지막 밤에도 서로의 귓속에 따뜻한 입김을 불어넣었다 사랑하는 일만 남아 있다고 믿기엔 우린 어딘지 이 세상 사람이 아닌 것 같았다

둘이 서로 사랑할 때, 우리는 여름 안에 있었습니다. 둘이 서로 사랑할 때, 우리는 섬 안에 있었습니다. 둘이 서로 사랑할 때, 우리는 낯선 풍습을 가진 이방인들 사이에 있었습니다. 그 여름, 이방인들의 섬은 곧 흔적도 없이 사라질 세계였습니다. 여름이 지나고 나면 우리는 더 이상 뜨거워지지 않을 것이며, 우리는 둘만의 섬을 떠나게 될 것이며, 우리는 우리를 둘러싼 세계를 더 이상 낯설게 바라보지 않을 테니까요. 서로 사랑한 두 사람은 늦든 빠르든 세계가 어떻게 종말을 고하는지 보게 될 겁니다. 여름의 한가운데 있는, 신기루와 같은, 둘만의 섬. 잠시 존재했다가 사라지는 물방울 같은. 그 섬이 그토록 아름다웠다면, 영원하리라 믿었던 것이 눈 깜빡할 사이에 사라졌기 때문이죠.

입술의 문자

한세정

입술의 주름으로
결별한 이름을 기록하는 시간

산발한 걸인이 되어
우리는 머리칼이 끌고 가는 바람의 문자를 해독했던 것이다

살갗과 살갗이 스쳐 만든 인장(印章)은 문자가 없는 페이지에서
더욱 선명해지고

마침내 바닥에 목을 누인
기린의 긴 혀처럼
우리는 서로의 경전을 천천히 쏟아내렸던 것이다

두드려도 깨지지 않는 수면에 얼굴을 묻고
입술이 뿔 나팔이 될 때까지
머나먼 이름을 향해
입술을 움직일 때마다

물살을 문 입가에 되돌아와 겹쳐지는

입술의 무늬

우리는 각자의 입술을 만지며 붉게 물들었던 것이다

무늬를 보고 그 속뜻을 알아내는 일을 하는 이들은 CSI 수사요원이 아니라 연인입니다. 호숫가에 앉아서 멍하니 물의 무늬를 살펴보거나, 달 밝은 밤 떠가는 구름들의 형태를 살피거나, 그것도 아니라면 제 손바닥의 손금이라도 빤히 살펴보거나, 그런 일들을 하는 사람들은 대개 사랑에 푹 빠진 사람들이죠. 그래서 뭘 좀 알아냈습니까, 라고 그 사람들에게 물어보면, 그저 한숨만 푹푹. 사랑이라는 게 뭘 알아내는 일이 아니라 딱히 갈 곳이 정해지지 않은 산책 같은 것이니까요. 하지만 그런 순간에도 그들의 입술은 얼마나 붉은지, 또 얼마나 아름다운지……. 우리 입술이 아름다운 건 한때 우리도 누군가의 이름을 간절하게 불러봤기 때문일 테죠.

연인들

김행숙

바다가 보인다
바닷가에서
더 좋은 것을 원하지 않는다
마치 어린 시절이 그랬다는 듯이
삐뚤삐뚤삐뚤 동요가 흘러나오던 입술이 꼭 닫히고

가장 고요한 부분이 패인다
눈을 깜박일 때
없어졌다가
같은 바다가 보인다

찬 겨울에 눈썹이 사라지는 이야기는 무서웠지
불면 날아갈 것 같은데
눈썹 같은 건 없어도 되지 않겠니?
안 돼요

우리는 꼭 붙어 앉아서
더 좋은 것을 원하지 않는다

눈을 깜박일 때

없어졌다가
영영 사라질까 봐 눈을 못 뜨는 이야기는 슬펐지
헤어져서
우리는 왜 그런 이야기를 지어냈을까
흔들리지 않는
시멘트벽에 기대어

지난주에는 광안리 바닷가의 한 맥줏집에 있었습니다. 저녁 바다는 말을 걸고 싶어하는 전학생처럼 우리 발치까지 밀려왔다가 다시 밀려가더군요. 마지막으로 광안리 바다를 본 게 언제였는지 가물가물. 지난 광안리 바다와 이번 광안리 바다, 그 사이에서 얼마나 많은 일들이 벌어졌는지, 나는 또 무엇을 새로 보고 또 무엇을 새로 들었는지. 눈을 감고 옛일들을 떠올렸습니다. 그리고 내게 남은 인생과, 또 다음 광안리 바다를 볼 때까지 그 인생을 가득 채울, 하지만 나로서는 짐작조차 할 수 없는 일들에 대해서 생각했습니다. 다시 눈을 떴을 때, 거기 저녁 바다는 여전히 밀려왔다가 다시 밀려갔다가. 내가 태어나기 훨씬 전부터 그랬듯이, 내가 죽고 나서도 아주 오랫동안 그 바다는 새로운 파도를 해변으로 보내겠죠. 다음 광안리 바다를 볼 때, 우리는 또 어떤 사람이 돼 있을지. 궁금증의 밤이 우리를 지나갔습니다.

혀

류인서

  회전목마 붉은 말떼를 몰고 달려가는, 맨홀덮개보다 넓은 회전판을 당신 혓바닥이라고 하겠습니다
  편자도 없는 발굽으로 허공을 긁으며 달아나는 말, 말을 쫓아 달려가는 이 혓바닥은 별들이 태어나는 우주의 은하원반과는 달라서
  구유 같은 내 입속에서는 아직 어떤 별도 태어난 적이 없습니다
  당신은 소용돌이치는 은하, 갈기털을 뻗쳐 혓바닥안장 위로 가볍게 나를 안아 올립니다
  이곳은 복숭아밭이 있던 자리
  桃園에서 中原까지 우리 주마간산 주유사방 말 달려도 좋겠습니다

  덮개 아래 허구렁처럼 나는 혀 아래 블랙홀을 숨겼습니다
  바람으로 재갈 물린 목마처럼 나는 소리 없이 울 수 있습니다
  밤의 공원에는 밤 없이 기다리는 열두 마리의, 아니 열 마리의 적토마
  한 말은 도망갔고 한 말은 아직 오지 않았습니다

제가 제일 사랑하는 놀이공원은 미국에 있는 것도 아니고, 홍콩에 있는 것도 아니고, 도쿄에 있는 것도 아니고, 어스름 속에 있습니다. 해가 지고 난 직후의 놀이공원. 해가 지고 나면 사람들이 얼마나 빨리 놀이공원을 빠져나가는지 정말 그걸 보는 것만으로 속이 다 시원해요. 덩달아 놀이기구의 대기줄도 줄어들죠. 하지만 무엇보다도 내가 어스름 속의 놀이공원을 가장 좋아하는 이유는 회전목마 때문입니다. 푸른 저녁 하늘을 배경으로, 반짝이는 그 형형색색의 전구들이며, 또 꿈결 같은 멜로디며. 목마들은 대부분 혼자서 돌지요. 목마들을 타야 할 아이들은 이제 모두 자동차 뒷좌석에서 휴지처럼 구겨져 잠들어 있을 테니까. 그래서 텅 빈 회전목마가 아름답게 돌아가고 있는 걸 보노라면, 이루 말할 수 없을 정도로 엄청난 상실감이 느껴지죠. 이제는 더 이상 뜨겁지 않은, 마음이 떠나버린 연인과의 키스가 꼭 그런 느낌이 아닐까. 나 혼자 그렇게 생각하거나 말거나, 그 순간에도 목마들은 어스름 속에서 열심히, 좋아 죽겠다는 듯이 돌고 있었지요.

이제 불이 필요하지 않은 시각

김이듬

나는 겨울 저수지 냉정하고
신중한 빙판 검게 얼어붙은 심연
날카로운 스케이트 날로 나를 지쳐줘
한복판으로 달려와 꽝꽝 두드리다가
끌로 송곳으로 큰 구멍을 뚫어봐
생각보다 수심이 깊지 않을 거야
미끼도 없는 낚싯대를 덥석 물고
퍼드덕거리며 솟아오르는 저 물고기 좀 봐
결빙을 풀고 나 너를 안을게

크리스마스 저녁에 친구네 식구들이 집에 놀러왔어요. 뭔가 좀 먹으려고 밖에 나가려니까 참 따뜻하게도 눈이 내리더군요. 그 눈을 바라보면서 친구네와 저녁을 먹었습니다. 왜 그런지 잘 모르겠어요. 눈이 내리는데, 왜 따뜻하다는 생각이 드는 걸까요? 자정 무렵이 되어 집에 돌아가려고 친구가 콜택시를 불렀습니다. 그날은 친구집에 놀러간 사람들이 한둘이 아니었는지 빈 택시가 한 대도 없다는 대답이 돌아왔습니다. 다른 택시회사에 전화해도 상황은 마찬가지. 기다리다 지친 아이들은 쓰러져 잠들었어요. 우린 하는 수 없이 택시가 올 때까지 집에 있는 포도주를 마시기로 했어요. 밤이 깊어 이미 잠든 두 아이들, 친구의 아이와 제 아이는 동갑입니다. 두 아이가 태어난 2000년 크리스마스에도 눈이 내렸어요. 그 다음 날 미당 서정주 시인이 돌아가셨다고 해서 좀 놀랐던 기억이 나네요. 그때도 그 친구네와 함께 보냈는데, 밤에 출출해서 족발인지 치킨인지 배달음식을 주문한 일이 있었지요. 그 음식은 지금까지도 배달되지 않았습니다······만, 올해 크리스마스에는 세 시간 만에 택시가 왔습니다. 아이들을 깨웠더니 다들 눈이 반쪽. 그럼에도 복된 크리스마스랄까.

애월(涯月)에서

이대흠

　당신의 발길이 끊어지고부터 달의 빛나지 않는 부분을 오래 보는 버릇이 생겼습니다 무른 마음은 초름한 꽃만 보아도 시려옵니다 마음 그림자 같은 달의 표면에는 얼마나 많은 그리움의 발자국이 있을까요

　파도는 제 몸의 마려움을 밀어내며 먼 곳에서 옵니다 항구에는 지친 배들이 서로의 몸을 빌려 울어댑니다 살 그리운 몸은 불 닿은 노래기처럼 안으로만 파고듭니다

　아무리 날카로운 불빛도 물에 발을 들여놓으면 초가집 모서리처럼 순해집니다 먼 곳에서 온 달빛이 물을 만나 문자가 됩니다 가장 깊이 기록되는 달의 문장을 어둠에 눅은 나는 읽을 수 없습니다

　달의 난간에 마음을 두고 오늘도 마음 밖을 다니는 발걸음만 분주합니다

제주도에 있는 애월涯月이라는 지명은 '물가'와 '달'을 뜻하는 한문으로 이뤄져 있네요. 왜 '물가 달'이라고 이름을 지었을까 궁금해서 찾아봤더니, 바다를 매립하기 전에는 포구의 형상이 안쪽으로 깊게 휘어져 들어오는 반달 모양이어서 그런 이름이 붙었다고 하네요. 휘어진 포구를 보고 달을 떠올리며 '반달 닮은 물가'라는 뜻의 애월을 생각한 사람은 또 어떻게 생겼었는지 궁금하네요. 해안의 모습을 보고 지명을 지을 정도라면, 그 사람 매일 바다를 바라보며 산 건 아닐까요? 노래라도 불렀다면, 아마도 〈바다가 육지라면〉 같은 노래를 부르지 않았을까요? 그러니 물가를 뜻하는 '애' 자에 '세상의 끝'이라는 뜻이 포함된 것도 이상한 일만은 아니겠죠. 혹시 제주도에 갈 기회가 있다면 애월에 한번 들러보세요. 거기가 '달 닮은 물가' 애월이랍니다. 속뜻은 '가고 싶어도 더 가지 못하는 세상의 끝'이랄까요.

바다가

허수경

깊은 바다가 걸어왔네
나는 바다를 맞아 가득 잡으려 하네
손이 없네 손을 어디엔가 두고 왔네
그 어디인가, 아는 사람 집에 두고 왔네

손이 없어서 잡지 못하고 울려고 하네
눈이 없네
눈을 어디엔가 두고 왔네
그 어디인가, 아는 사람 집에 두고 왔네

바다가 안기지 못하고 서성인다 돌아선다
가지 마라 가지 마라, 하고 싶다
혀가 없다 그 어디인가
아는 사람 집 그 집에 다 두고 왔다

글썽이고 싶네 검게 반짝이고 싶었네
그러나 아는 사람 집에 다, 다,
두고 왔네

"짙은 안개를 지나오면 겨울이었다. 밤의 밑바닥이 얼어붙었다." 십일월은 그런 식의 문장이 떠오를 법한 계절입니다. 안개가 흔해져 값이 떨어지는 달. 안개가 우리에게 말하는 건 대기의 온도가 이슬점 아래로 내려갔다는 것, 바람이 거의 불지 않는다는 것, 그래서 세상이 고요하게 머문다는 것. 십일월이란 그렇게 가을과 겨울 사이에 머물러 있는 섬과 같은 달이죠. 언젠가 바로 눈앞이 보이지 않을 정도로 안개가 짙게 깔린 도로를 따라 집까지 운전한 적이 있었습니다. 자정 가까운 시간이었고, 도로에는 내가 모는 승용차만 달려가는 것 같았습니다. 이슬점 아래에서 응고된 수증기들이 그 도로를 점거하고 있더군요. 그 수증기들을 뚫고 기어이 그 길을 빠져나왔습니다. 안개를 다 빠져나오자, 망각이 저를 덮치더군요. 그 길을 내가 어떻게 지나온 것인지, 전혀 기억나지 않았습니다. 다 빠져나온 뒤에야 알겠더군요. 안개 속이었다면 한 번쯤 길을 잃고 방황했어도 좋았을 것을. 그러라고 있는 게 안개인 줄도 모르고.

물이 올 때

허은실

풀벌레들 바람에 숨을 참는다

물이 부푼다
달이 큰 숨을 부려놓는다

눈썹까지 차오르는 웅얼거림
물은 홀릴 듯 고요하다

울렁이는 물금 따라 고둥들이 기어오를 때
새들은 저녁으로 가나
남겨진 날개를 따라가는 구름 지워지고
물은 나를 데려 어디로 가려는가

뭍이 물을 들이는 저녁의 멀미
저 물이 나를 삼킨다
자다 깬 아이가 운다

이런 종류의 멀미를 기억한다

지상의 소리들 먼 곳으로 가고
나무들 제 속의 어둠을 마당에 흘릴 때
불리운 듯 마루에 나와 앉아 울던
물금이 처음 생긴 저녁

물금을 새로 그으며
어린 고둥을 기르는 것은
자신의 수위를 견디는 일

숭어가 솟는 저녁이다
골목에서 사람들은 제 이름을 살다 가고
꼬리를 늘어뜨린 짐승들은 서성인다
하현을 닮은 둥근 발꿈치
맨발이 시리다
물이 온다

제주도에 갔더니 하루방들이 서치라이트를 짊어지고 해변을 등진 채 서 있더라구요. 그 옆의 슈퍼마켓 야외 파라솔 아래에서 술을 마셨습니다. 저녁 먹고 마실 나온 동네 중늙은이들은 술이라면 오전에 다 마셨다는 듯 축대에 앉아 우리를 바라보더군요. 꼭 철모르고 술 마시는 애들이라도 본다는 듯이. 내가 언제쯤 술에 취했는지 나중에 알아봤더니 22시 16분이 되기 직전의 어느 순간이더군요. 물이 해변까지 다 차오르기 전에 취했으니까요. 국립해양조사원의 조석표에 따르면, 22시 16분은 그날의 고조 시간이랍니다. 그렇다면 때 맞춰 취한 셈 아닙니까? 무슨 때? 물때. 바다에 가면 물에도 때가 있다는 걸 알게 됩니다. 그 사실을 알고 나면 때를 잘 지키는 물이 새삼 기특하죠.

태양의 서쪽

김선재

이곳에 다다른 햇살은 지상에서 가장 가파른 절벽이다

본 적 없는 태양의 뒤편 그 저녁이 우리의 주기를 이루어
지구가 내게 어깨를 기대 저물어갈 때
국경의 여인숙은 불을 켜고

   하루를 떠내려온 우리들 행장을 풀고 태양의 적멸을 보네 이곳은 고대 사원에 뚫린 비밀의 구멍 그리하여 나란히 선 우리들 젖은 옷깃을 말리고 소리가 된 적 없는 말들이 흘러가는 동안 멈추어 서서 귀 기울이는 이는 없었네 육지에 다다르지 못한 파도들이 밀려와 지평선을 만들었으나 태양은 수시로 몸을 바꿔 수평선을 몰아가고 나는 부신 눈을 자주 비비네
   절벽이 된 햇살, 파편이 되어 능선을 베니 온몸에 차마 꽃이 되지 못한 피멍들 피고 나란히 선 우리들 끝내 울지도 못하고

바람이 버리고 간 말과 눈물이 몰락하는 서쪽에 앉아
뱉을 수도 삼킬 수도 없는 오랜 유배지의 벽에 기대니
달이 걸어와 이마를 어루만지네

다시 강을 건너 이 변방까지 찾아오는 태양의 동쪽
국경의 옛 여인숙이 불을 끄는 시간

출판사 송년회가 있어서 서울에 나가 밤이 깊도록 술을 마셨습니다. 귀가하려고 밖으로 나갔더니, 국경일에 퍼레이드라도 구경하러 나온 것처럼 종로 대로에 사람들이 가득하더군요. 강추위가 찾아온 날이었습니다. 시간은 새벽 두 시가 넘었습니다. 날이 밝도록 빈 택시는 오지 않을 것 같았습니다. 한 시간 정도 서 있었더니 남극이 생각났습니다. 거긴 얼마나 추울까? 빙산 위에 서 있는 펭귄들도 나만큼 춥다고 느낄까? 그러다가 어차피 생각하는 것, 기왕이면 태양 같은 걸 떠올리기로 했습니다. 좀 따뜻해지더군요. 그 다음에는 뜨거운 국밥을 생각했습니다. 한결 낫더군요. 그러다가 입맛이 동해서 결국 국밥집에 갔습니다. 정말 생각이 에너지인가 봐요. 국밥집에 앉아 있으려니까 온몸이 따뜻해지더군요. 실은 국밥에다가 막걸리까지 시켜서 혼자 마셨거든요. 지금 너무 춥다는 생각이 들면, 기왕이면 뜨거운 국밥 같은 걸 생각하세요. 시간이 남으면 먹어도 좋겠어요. 한결 나아질 테니까.

바람의 가족

정영

 푸른 달의 모퉁이를 돌면 가파른 계단 위에 바람들의 낮은 방, 나는 인간의 마을로 돌아갈 날짜를 세며 어둠을 뜯었다 폭풍의 날들은 지루했고 달은 반쪽뿐이었다, 사랑을 잘못 발음하는 어린 남자가 살던 곳, 바람을 마셔 부푼 영혼들의 마을

 취한 바람들은 저희들끼리 끌어안았다 길 끝은 장례식장 같았다 창을 열면 기차가 갔다 몸속의 밀입국자들이 기차를 타려고 뛰쳐나갔으나 아내들의 손에 붙잡혀 돌아왔다, 바람이 낳은 자손들의 마을

 몸이 부푸는 뜻을 알고 바람을 탈 줄 알게 됐다 바람이 머리칼 헝클면 그러라고, 바람이 치마폭 들춰대면 그러려니, 바람이 자식을 낳자면 그러자고, 바람이 그만 떠나자면 그렇게 따라나설 듯이 바람과 몸 섞고 살아온 생, 바람을 파는 상점들의 마을

 마을의 강은 좁디좁았다
 나무배마다 잠든 연인들이 흰 꽃으로 피었다
 허덕허덕 꽃잎을 주워먹던 영혼들과

바람을 잡아탄 바람들은 또 일가를 이루려
어딘가로 불어갔다

TV에서 젊은이들이 파리 에펠탑에서 종이비행기를 던지면 얼마나 멀리 날아가는지 실험하는 모습을 봤어요. 한 남자가 비행기를 날리자, 카메라는 그 종이비행기를 따라갔습니다. 종이비행기는 제법 안정된 자세를 갖춰서 날아가더군요. 카메라가 그 모습을 줌렌즈로 확대해가며 찍더군요. 종이비행기는 점점 더 멀리까지 날아가고, 카메라는 최대한 그 광경을 확대했습니다. 그 다음에는 종이비행기가 점처럼 작아지더니 결국 화면에서 사라졌어요. 와, 하고 탄성이 저절로 나왔어요. 정말 멀리까지 날아가더군요. 그렇게 바람에 둥둥 떠가는 종이비행기를 보는데 가슴이 두근거리더라구요. 저게 뭔가? 우리도 바람만 있으면 그렇게 멀리까지 날아갈 수 있다는 뜻인가? 그런 바람은 도대체 어딜 가야 만날 수 있나? 에펠탑 정도는 올라가야만 하나? 바람도 불지 않는 집 안에 앉아 있는데도 내 마음은 비닐봉지처럼 자꾸만 날아가려고 두근두근, 아니 펄럭펄럭이더군요.

사랑은 산책자

이병률

마음이 마음을 흠모하는 것
줄 서는 것 떠드는 것
시간이 시간을 핥는 것

서서히 차오르는 것
그러고도 모른 체하는 것
소멸하는 것으로 존재하는 것

그러니까 뼈를, 그것도 목뼈를 살살 분질러뜨리는 것
서서히 떨어지는 속도를 보이는 것

새를 참견하는 것
주책없이 경치에 빠지는 것
장막 하나를 찢어 지독하게 덮어버리는 것
견딜 수 없이 허우적대는 것이 스스로의 요구인 것

의욕하자니 힘이 되는 것
왼쪽으로 갈까 오른쪽으로 갈까

방향을 얼버무리는 것

모퉁이를 돌기 위해 짐을 꾸리거나
주변을 무겁게 하지 않는 것
주소를 버리고 눈을 감는 것

사랑은 산책하듯 스미는 자,
산책으로 젖는 자

한참 친구들과 떠들어대다가 아무도 몰래 술자리를 빠져나와 골목길 한쪽에 서서 오가는 사람들을 바라보는 일은 저만의 호젓한 즐거움입니다. 골목길로는 수많은 사람들이 오가죠. 술에 취한 사람들도 있고, 전혀 취하지 않은 사람들도 있고, 기분 좋게 웃으며 지나가는 사람들도 있고, 금방이라도 눈물을 쏟을 것처럼 심각한 표정으로 걸어가는 사람들도 있죠. 고개를 들면 집과 집, 건물과 건물 사이 좁은 하늘로 별들이 보일 때도 있고, 아무것도 없이 그저 막막한 어둠만 있을 때도 있고. 곧 친구들이 나를 찾을 테니 다시 술자리로 돌아가야만 하겠지만, 그리고 또 돌아가면 술집에서 나오기 전과 마찬가지로 이런저런 이야기를 닥치는 대로 떠들겠지만, 조금만 더 있다가 가자고 스스로 달래며 빈둥거리는 밤의 한때. 하루 중 사랑에 대해서 생각하는 유일한 시간이랄까. 주책없이, 허우적허우적, 그런 마음을 얼버무리면서.

사랑은

이승희

스며드는 거라잖아.
나무뿌리로, 잎사귀로, 그리하여 기진맥진 공기 중으로 흩어지는 마른 입맞춤.

그게 아니면
속으로만 꽃 피는 무화과처럼
당신 몸속에서 오래도록 저물어가는 일.

그것도 아니면
꽃잎 위에 새겨진 무늬를 따라 꽃잎의 아랫입술을 열고 온몸을 부드럽게 집어넣는 일. 그리하여 당신 가슴이 안쪽으로부터 데워지길 기다려 당신의 푸르렀던 한 생애를 낱낱이 기억하는 일.

또 그것도 아니라면
알전구 방방마다 피워놓고
팔베개에 당신을 누이고 그 푸른 이마를 만져보는 일.

아니라고? 그것도 아니라고?

사랑한다는 건 서로를 먹는 일이야
뾰족한 돌과 반달 모양의 뼈로 만든 칼 하나를
당신의 가슴에 깊숙이 박아놓는 일이지
붉고 깊게 파인 눈으로
당신을 삼키는 일.
그리하여 다시 당신을 낳는 일이지.

10초 안에 시를 잘 쓰는 방법에 대해서(비록 제가 시인은 아니지만) 가르쳐드리죠. 먼저 주제를 정하세요. 사랑도 좋고, 눈물도 좋고, 이별도 좋아요. 고등어도 좋고 햄버거도 좋고 샐비어도 좋아요. 우린 어떤 것이든 시로 쓸 수 있으니까 그런 걱정은 하지 마시라고 말씀드리고 싶네요(비록 제가 시인은 아니지만). 그 다음에는 그것에 대해서 쓰세요. 고등어를 먹는 저녁은 행복하다고 쓰세요. 그런 것도 시라는 걸 말씀드립니다(비록 제가 시인은 아니지만). 하지만 그 다음 줄에는 이렇게 쓰세요. "그게 아니라면" 방금 쓴 문장 말고 다르게 고등어에 대해서 써보세요. 그게 무엇이든 썼다면 그 밑에 다시 이렇게 쓰세요. "그게 아니라면" 다르게 계속 고등어에 대해서 쓰는 일, 그게 바로 시랍니다. 믿어주세요(비록 제가 시인은 아니지만).

첫사랑

류근

그대를 처음 보았을 때
내 삶은 방금 첫 꽃송이를 터뜨린
목련나무 같은 것이었다
아무렇게나 벗어놓아도 음악이 되는
황금의 시냇물 같은 것이었다

푸른 나비처럼 겁먹고
은사시나무 잎사귀 사이에 눈을 파묻었을 때
내 안에 이미 당도해 있는
새벽안개 같은 음성을
나는 들었다
그 안개 속으로
섬세한 악기처럼 떨며
내 삶의 비늘 하나가 떨어져 내렸다

그리고 곧 날이 저물었다
처음 세상에 온 별 하나가
그날 밤 가득 내 눈썹 한끝에

어린 꽃나무들을 데려다주었다

날마다 그 꽃나무들 위에
비가 내리기 시작했다

일 때문에 남아공에 갔어요. 주유소에서 기름을 넣는데, 어떤 사람이 오더니 친구 아니냐고 묻더군요. 아프리카 흑인 중에 제 친구가 있을 리 없잖아요. 알고 봤더니 남아공 사람들은 외국 사람들을 참 좋아해서 앞다퉈 친구처럼 말을 걸더라구요. 여기도 다 똑같구나, 그런 안일한 마음으로 숙소로 돌아가다가 그 별을 봤어요. 해가 질 무렵이라 서쪽 하늘이 온통 붉은데, 거기 그 별만 하나 떠 있더군요. 조금 지나니 하늘의 아래쪽은 여전히 붉고, 위쪽은 푸른가 싶더니 더 많은 별들이 나타나더군요. 그렇게 아름다운 노을이 꼭 외국인에게 친근하게 말을 거는 흑인들처럼 아무렇지도 않은 듯 떡하니 제 눈앞에 펼쳐져 깜짝 놀랐습니다. 그런 저녁은 처음이었어요. 처음인데도 오래전부터 본 것처럼 친근했어요. 아름다움이란 역시 그런 것일까요? 그럼 한 번은 누군가의 첫사랑이기도 했던 우리도 그렇게 아름다운 사람들이겠군요. (혹시 누군가의 첫사랑이 되어본 일도 없이 늙어버렸대도 슬퍼하지 마세요. 인생, 어떻게 될지 모르니까.)

내일, 내일

유희경

둘이서 마주 앉아, 잘못 배달된 도시락처럼 말없이, 서로의 눈썹을 향하여 손가락을, 이마를, 흐트러져 뚜렷해지지 않는 그림자를, 나란히 놓아둔 채 흐르는

우리는 빗방울만큼 떨어져 있다 오른뺨에 왼손을 대고 싶어져 마음은 무럭무럭 자라난다 둘이 앉아 있는 사정이 창문에 어려 있다 떠올라 가라앉는, 생전(生前)의 감정 이런 일은 헐거운 장갑 같아서 나는 사랑하고 당신은 말이 없다

더 갈 수 없는 오늘을 편하게 생각해본 적 없다 손끝으로 당신을 둘러싼 것들만 더듬는다 말을 하기 직전의 입술은 다룰 줄 모르는 악기 같은 것 마주 앉은 당신에게 풀려나간, 돌아오지 않는 고요를 쥐여주고 싶어서

불가능한 거리는 아무 말도 하지 않는다 당신이 뒤를 돌아볼 때까지 그 뒤를 뒤에서 볼 때까지

두 사람은 이제 헤어지기 직전인가 봐요. 내일이란 없는 사람들처럼 말없이 앉아 있네요. 하긴 사랑한다면서 내일이 어쩌구저쩌구 미래가 이러쿵저러쿵 떠들어대는 사람이 제일 꼴불견이긴 해요. 내일, 내일 그렇게 떠들어대는 사람을 보면 꼭 자기 일만 중요하다고 말하는 것 같기도 하구요. 내일은 모르겠고, 사랑한다면 지금을 좀 더 즐기는 게 좋겠어요. 지금 제일 좋은데, 내일 따위야 알 게 뭔가요? 그건 그렇고, 몇 개의 도시락들이 갑자기 떠오르네요. 북한산에서, 창경궁에서, 런던의 하이드파크에서 둘이 마주앉아 먹었던 한낮의 도시락들. 내일을 절대로 기약할 마음이 없었던 눌린 김밥이며 삐져나온 시금치, 혹은 차가운 베이컨 같은 것들. 그 맛이 아직도 잊히지 않네요. 당신 때문이라고 말하면 좋겠지만, 사실은 한창 배가 고플 때 먹었기 때문에. 허기를 모르면 맛도 모르는 법. 지금 원하지 않는다면 거기 무슨 사랑이 있을까나.

푸른미선나무의 시

고형렬

저 충북 어디 가면 미선나무들이 많이 산다지

그녀들 이름은 상아미선나무 분홍미선나무 혹은 둥근미선나무
라지 그중 푸른미선나무도 있다지

영원히 봄에도 푸른미선나무 여름에도 푸른미선나무라지
겨울 눈이 좋지 않은 요즘도 푸른미선나무는
자신의 미선나무지 나의 미선나무는 되지 않는다지

교목처럼 높지도 않고 위태롭지도 않아 키는 고작 일 미터
향기도 짙지 않은 푸른미선나무는
항상 기슭에 살아도 자신이 왜 푸른미선나무인진 모른다지

그 자리에서 거치 없는 잎사귀와 관다발만 수없이 만들었지만
그 끝없는 사계의 반복만이 그의 산에 사는 즐거움이라지

처녀 같은 푸른미선나무들 자줏빛 반질한 가지 꽃봉오리는
이듬해나 꽃 먼저 터트리는 푸른미선나무

그 푸른미선나무는 충북 어디 산기슭에만 산다지

언젠가 초파일이 되어서 김천 제 고향의 절 직지사에 놀러갔다가 연등 아래에 한복을 입고 선 초등학교 동기생을 본 일이 있어요. 제 나이 중학교 3학년 때인가, 고등학교 1학년 때인가. 그 아이 이름이 미선이와 비슷했지요. 초등학교 시절에는 그냥저냥 나와 비슷한 인류라고 생각했는데, 그때 처음으로 우리는 참 다른 종족이라는 걸 눈으로 확인할 수 있었습니다. 멀리서 바라봐야만 아름다운 여름나무와 같더군요. 그래서 아는 척도 하지 못하고 멀찌감치 떨어져서 그 아이를 훔쳐봤지요. 푸른미선나무라는데, 나무 얘기하는데, 미선이라는 이름에 가슴이 설렌다면 저처럼 그렇게 누군가를 훔쳐본 기억이 있기 때문이겠죠. 우리를 한때 설레게 만들었던 푸른○○나무(각자 이름을 채워넣으세요). 지금은 어디서 뭘 하고 있을까?

내 가슴에서 지옥을 꺼내고 보니

이윤설

내 가슴에서 지옥을 꺼내고 보니
네모난 작은 새장이어서
나는 앞발로 툭툭 쳐보며 굴려보며
베란다 철창에 쪼그려앉아 햇빛을 쪼이는데

지옥은 참 작기도 하구나

꺼내놓고 보니, 내가 삼킨 새들이 지은
전생이구나
나는 배가 쑥 꺼진 채로
무릎을 세우고 앉아서
점점 투명하여 밝게 비추는 이 봄

저 세상이 가깝게 보이는구나

평생을 소리없이 지옥의 내장 하나를 만들고
그것을 꺼내어보는 일
앞발로 굴려보며 공놀이처럼

무료하게 맑은 나이를 보내어보는 것
피 묻은 그것,

내가 살던 집에서 나와보는 것,

너무 밝구나 너무 밝구나 내가 지워지는구나

천국이 없다는 것을 제가 깨닫게 된 건 두 번째 연애를 시작하면서부터였습니다. 천국이라면 모름지기 제가 사랑한 여인들이 한데 모인 것이어야만 할 텐데, 그렇게 모아놓았다가는 그런 지옥이 따로 없겠죠. 부자가 천국에 들어가는 것보다 더 어려운 건 바람둥이가 천국에 들어가는 것……. 그렇다고 제가 바람둥이라는 뜻이 아니라, 아무리 노력한들 우린 웬만하면 지옥에 떨어지게 된다는 그런 말씀을 드리려고. 어떤 사무라이가 선승을 찾아가서 "지옥이 어떤 곳이냐?"라고 물었다지요. 그랬더니 선승은 "내가 너처럼 더러운 놈에게 그걸 가르쳐주겠느냐?"라고 호통을 쳤구요. 화가 난 사무라이가 칼을 뽑아 당장 그 선승의 목을 내리치려고 하자, 선승이 말했답니다. "그 마음이 바로 지옥이오." 마음 하나 제대로 다스리지 못하는데, 내 말이라면 콧등으로도 안 듣던 여자애들 모아놓고는 천국일 거라고 상상했다니 좀 우스운 일이지요.

타인의 고통

박시하

별의 유언이
바닥에 내리는 것을 보았어요
푸드득 푸드득
붉은 나비들이 날아올라요
별의 주검이 하얀 날개를 토해요

사라지는 입들이
사라지는 이름을 자꾸만 불러요
사라지는 사람이
웅얼웅얼 바닥을 들어올려요
8월의 혀처럼 뜨거운
바닥이 등을 구부리고 언덕이 돼요

우린 붉은 언덕을 사랑하고
푸른 죽음을 사랑했지만
바람으로 바람을, 순간으로 순간을
말할 수 있을까요?

누가 타오르는 다섯 망루를
별의 높이에 세우려 하나요?
기도문이 손을 흔들며 입 안으로 들어가요
입이 몸 안에 맺혀요

우리의 무게를 꽉 다물어요
저 깃털 같은 입들이

밤하늘의 별자리들은 언제나 거기 그대로 있는 것 같지요. 하지만 세상의 모든 일들이 그렇듯 언제나 그대로인 것은 하나도 없습니다. 그래서 예전에는 하늘에 있었지만, 지금은 사람들에게 잊힌 별자리들도 있습니다. 나중에 별자리들을 정리할 때, 그만 탈락한 비운의 별자리들이죠. 예를 들어 고양이 자리. 고양이를 무척 사랑한 랄랑드란 사람의 추천으로 만들어졌습니다만, 지금은 사라졌어요.(애묘인들은 복원 운동이라도 벌이시길.) 안티노우스 자리라는 것도 있습니다. 하드리아누스 황제의 연인으로 나일 강에서 뱃놀이를 하다가 물에 빠진 황제를 구하고 대신 죽은 미소년입니다. 그를 기려 황제는 밤하늘에 그의 자리를 마련했지만, 지금은 별자리 목록에서 사라졌지요. 보이는 세상 뒤에는 보이지 않는 것들이 너무나 많습니다.

사랑

박성우

아릿한 잠에서 깨어보니
손끝에 무언가가 감겨져 있었다
간밤에 누가 다녀갔을까 갸우뚱갸우뚱,
손가락에 감겨 있는 것을 풀어내었다

육백오십여 년 되었다는 은행나무
보러 가는 차 안에서 첫눈을 만났다
목적지에 닿은 뒤로도 그치지 않는 눈
은행 둥치에 안겨, 등으로 눈발을 받아내다가
겨울나무에도 온기가 있다는 것을 알았다

첫눈 그친 저녁,
한 여자가 하얀 얼굴로 늦은 걸음을 해왔다
내년에도 제가 봉숭아물 들여드릴게요,
발자국에 고이는 물처럼 조용조용 차오르는 눈물
봉숭아물 빠지지 않은 손으로 닦아주었다

어린 시절, 고향의 거리 풍경을 떠올리면 제일 먼저 줄지어 서 있던 가로수들이 생각납니다. 김천역에서 옛 시청이 있던 자리까지는 은행나무를, 그 너머로 아랫장터까지는 히말라야시다를 심어놓았죠. 그 경계에 제가 다닌 초등학교가 있었습니다. 가을이면 등굣길이 단풍으로 노랗게 물들었습니다. 그럴 때면 마음도 노랗게 물드는 것 같았죠. 그 길은 완만한 오르막길이었죠. 오르막을 다 오르면 학교가 나왔습니다. 거기서부터 다시 아랫장터까지는 완만한 내리막. 학교 앞에 서면 마치 국경에 선 것처럼 히말라야시다들이 서 있는 풍경이 보였습니다. 그 히말라야시다들 위로 사람의 얼굴을 닮은 금오산이 멀리 보였는데, 그래서 그건 마치 큰바위얼굴을 연상시켰는데, 어린 내게 어떤 포부가 있었다면 아마도 바로 그 순간에 생겼을 겁니다.

병산서원에서 보내는 늦은 전언

서안나

지상에서 남은 일이란 한여름 팔작지붕 홑처마 그늘 따라 옮겨 앉는 일 게으르게 손톱 발톱 깎아 목백일홍 아래 묻고 헛담배 피워 먼 산을 조금 어지럽히는 일 입교당 담벼락에 어리는 흙내 나는 당신을 자주 지우곤 했다

하나와 둘 혹은 다시 하나가 되는 하회의 이치에 닿으면 당신은 당신으로 흐른다

삼천 권 고서를 쌓아두고 만대루에서 강학(講學)하는 밤 내 몸은 차고 슬픈 뇌옥 나는 나를 달려나갈 수 없다

늙은 정인의 이마가 물빛으로 차고 넘칠 즈음 흰 뼈 몇 개로 나는 절연(絶緣)의 문장 속에서 서늘해질 것이다 강물에 목백일홍 꽃잎으로 풀어쓰는 새벽의 늦은 전언 당신을 내려놓는 하심(下心)의 문장들이 다 젖었다

어느 날, 텔레비전을 보는데 경주 양동마을 소식을 전하더군요. 기자는 올해 유네스코 세계문화유산에 등재된 그 조용한 시골 마을로 관광객들이 몰려들고 있으나, 제대로 된 부대시설과 볼거리가 없어서 대부분 마을만 둘러보고 황급히 발길을 돌린다면서 대책이 시급하다고 진단하더군요. 옛 정취가 고스란히 보존됐다는 이유로 세계문화유산이 된 마을에서 부대시설과 볼거리를 찾는 사람들이라니. 그렇게 고요하고 적적한 마을에 가서도 그리운 사람 하나 떠올리지도 못하고 황급히 발길을 돌려야만 하는 사람들이라니. 경주 양동마을은 아무런 문제가 없으니까 대책을 마련하지 않아도 좋겠습니다. 언제나 그렇듯이 대책이 시급한 것은 대책이 시급하다고 말하는 사람입니다. 이분들, 정말 대책이 시급합니다. 나라에서는 그리운 사람 하나씩 만들어주세요.

큰 파란 바람의 저녁

김지녀

바람은 쉽게 땅에 발을 내려놓지 못하고 달아난다
강을 지나 일 년 내내 눈 쌓인 계곡을 지나
그러나 간단하게 뭉쳐지는 구름들 사이로
무섭게 직진하고 있는 태양의 기둥을 지나
벽을 뚫고
천 년 전에 만났다 헤어진 사람의 눈동자를 훑으며
지구를 만 년쯤 돌고 있는 바람이 이마에 와 닿을 때
국경을 넘어온 얼굴처럼 얼어 있는 저녁을 바라볼 때
나는 기둥, 이라는 제목의 나무
활엽에서 침엽으로 옮아가는 숲의 그늘
절벽 위에 서 있으면 어느 고원을 떠돌다 사라진 목소리가
메아리처럼 맴돈다
입술 튼 바람은 서로를 끌어당기며 전진하거나 융기하는
대륙의 저 끝에서 잠시 날개를 접고
녹아내리는 얼음을 밟으며 며칠 밤낮을 걸었을 사람들
이야기를 듣고 함께 울었을 것이다
몇 달이 지나도 눈이나 비가 오는 숲에서
알을 품은 적 있는 둥지를 생각했을지도 모른다

지구에서 가장 오래 살았다는 나무 잎사귀가 다 떨어진 저녁
바닥에 누워 영원히 눈감는 자의 호흡은
처음 비행에 나서는 새의 눈빛처럼 새까만 것이어서
수없이 흔들리며 가라앉아간다
입 벌린 채 마른 강을 건너가듯이
나는 갈증을 느끼며 파랗게 변해가는 피부 속에
활공하는 바람의 말들을 기록하고 있다
이곳에서 바람이 데리고 온 먼 곳의 먼지들은 낮게 휘돌다 단단해진다

어린 시절, 해가 저물 무렵이면 즐겨 북서쪽을 바라보며 앉아 있었죠. 고향의 빵가게에서 그쪽을 바라보면 병풍처럼 산들이 시야를 막았거든요. 구름도 쉬어가는, 이라는 가사의 유행가도 만들 정도였죠. 어린 나로서는 상상하지도 못할 만큼 두껍고 높고 거대한 산맥이었죠. 내가 태어나기 전에도, 또 내가 죽고 난 뒤에도 침식하고 융기하는 구릉과 골짜기들. 그 봉우리들을 보면서 자랐습니다. 그 봉우리들을 한 번도 넘어보지 못한 어린 시절에는 무엇이 그리운 줄도 모르고, 그렇게 앉아서 뭔가를 그리워하는 흉내를 냈었죠. 이젠 무엇이 그리운지 다 알 것 같은데, 사실 다 알고 있는데, 그런데도 여전히 그냥 모르는 척, 그리워하는 흉내를 내는 척.

연

박준

소매가 까매질 때까지 살았다 보증금도 없이 우리는 서로의 끝에 내려앉아,

입술을 깨물던 당신의 꿈에 광부들은 휘파람을 불지 않는다고 말해주는 것이 그날 나의 문명(文明)이었다 광부의 휘파람은 탄광 입구의 새 소리를 닮았다가 무너지는 갱도에서 새나오던 가스 소리를 닮았다가 혼들의 울음소리를 검게 닮아갔으니

손이 찬 당신이 물컵을 내려놓았다 번진 입술자국이 새가 날아오르기 전 땅을 깊게 디딘 발자국 같아, 아직도 살아남은 당신의 말들

가난하다고 말해오던 아픈 나의 이(齒)를 만져 오면서 내가 먹지 못한 음식들을 맞추어보겠다고 말해오던 가만히 먼 곳을 바라보는 일이 술을 깨는 데에 그만이라고 말해오던 다시 가난하고 심심하다고 말해오던, 나는 그 말들에 연을 묶어 휙이휙이 당기며 살았고

사실 우리 아름다움의 끝은 거기쯤 있었다 나는 당신과 잠시 만난

공중(空中)을 내 눈에 단단히 넣어두고 눈을 감았으니 버스를 타고 나간 사람을 정류장에서 기다리듯 하늘로 나간 당신의 말들은 하늘을 보며 기다려야 했으니

그러니까 소매든 옷깃이든 눈빛이든 여기보다 새카맣게

칠레의 땅속에 갇힌 광부들의 모습을 TV로 본 일이 있습니다. 희망이라는 게 얼마나 구체적인 감정인지 알 수 있을 것 같은, 그런 눈빛들이더군요. 그 눈빛을 보니 어린 시절 심심찮게 매몰사고가 일어났다는 속보가 나오던 흑백 텔레비전이 떠올랐습니다. 광부들이 휘파람을 불지 않는다는 건 그들에게 전해오는 여러 가지 금기사항 중 하나입니다. 금기사항이 많다는 건 그 일이 참으로 아슬아슬한 일이라는 걸 뜻하죠. 도시락의 밥을 네 주걱 푸지 않는다, 부부싸움 후에는 가급적 갱에 들어가지 않는다 등등. 어려울 때, 힘들 때, 나약해졌을 때, 어이없게도 그럴 때 우리는 금기사항의 노예가 됩니다. 언제 갱이 무너질지 모르니까 그야 당연한 일이겠죠. 하지만 그럴 때야말로 희망을 생각해야 하지 않을까요? 물론 힘들겠지요. 그러나 힘들다고 해서 하지 않아도 된다는 뜻은 아니잖아요.

리치몬드 제과점

이시영

　내가 좋아하는 T. S. 엘리엇의 시구에 그런 것이 있었다. "전차와 먼지투성이 나무들./하이베리가 나를 낳고 리치몬드와 큐우가/나를 망쳤네."『황무지』'Ⅲ. 불의 설교' 편이었을 것이다. 대학교 초년생이던 나는 청바지 뒤포켓에 포켓판 엘리엇 시집을 넣고 다니며 그 구절을 외우곤 했다. "리치몬드와 큐우가/나를 망쳤네." 그런데 그 리치몬드가 마포에도 있었다. 80년대 초·중반 내가 아침마다 술취한 머리를 흔들며 출근하던 골목길 초입, '창작과비평사'를 꼭 '창작과비판사'라 고쳐 부르는 본서 파출소 옆에 영국식 정장 차림으로 묵직히 제과점 간판을 달고. 오븐에서 막 첫 과자를 꺼낸 듯 고소한 냄새를 맡으며 골목을 오르면 중풍 걸린 사내가 지팡이를 짚고 내려오다 나만 보면 꼭 가래침을 뱉었다. 그것을 신호로 하루는 늘 언성 높은 싸움으로 시작해서 지끈거리는 오후로 마감하는 것이었지만 그래도 간혹 누가 전화를 하면 나는 달뜬 음성으로 거기 마포서 옆 리치몬드에서 기다리라 해놓고 부리나케 달려내려가곤 했다. 영국 제과학교를 정식으로 나와 늘 말끔한 얼굴과 위엄 있는 태도로 주문을 받던 주인. 지금도 리치몬드를 생각하면 첫사랑의 애인처럼 달콤한 군침이 돈다. 전차가 다니던 시절에 들어선 후 아직도 의젓이 버티고 선 귀밑머리 허연 리치몬드 제과점. 엘리엇의 다음 시구는 이렇게 이어진다. "리치몬드가에서 나는 무릎을 치켜 올려/좁은 카누 바닥에 드러누웠었지.//내 발은 무어게이트에, 내 마음은/나의 발밑에. 그 일이 있은 뒤/그는 울었지. 그는 새 출발을 약속했지만/나는 아무 말도 안 했어./무엇을 내 원망하랴?"

언젠가 밤에 어느 시인의 차를 얻어 타고 집으로 돌아가고 있었습니다. 아현역 교차로를 지나 마포로로 접어들어 조금 내려가는데 갑자기 그 시인이 뭔가 생각이 났다는 듯이 외마디 비명을 지르더군요. 깨달음이라도 온 사람처럼. 무슨 일인가 물었더니 그 근처에 대학생 시절부터 다니던 제과점이 있으니 아침에 아이 먹이게 과자를 좀 사야겠다는 것이었습니다. 제과점도 부럽고, 그 시인도 부럽고. 나는 그냥 멍하니 지나가는 그 거리에서 달콤한 과자를 생각하고, 또 아이를 떠올릴 수도 있다니. 그 제과점은 이제 사라진 모양입니다. 그러니 이젠 시인도 그 길을 지날 때 소리를 지르진 않겠네요. 그러고 보면 하나둘 오래된 가게들이 길에서 사라질 때마다 우리가 깨달았다는 듯이 비명을 지르는 일도 줄어들겠네요.

나무를 모르는 나무

황성희

바람이 몹시 분다.
이름도 모르는 벌판에서
나무가 뭔지도 모르면서
나무로 살았다.

저 멀리 벌판 끝으로
눈물이 가득 들어찬 눈동자들이
눈물의 의미도 모르면서
반짝반짝 글썽인다.

여기는 어디일까.

나무는 생각하는 법도 모르면서
제목도 모르는 책 앞에서 턱을 괸다.

위층 어딘가에서
웅얼웅얼 아기를 달래는
어머니의 목소리가 들려온다.

이제 곧 익숙해질 거야.
살아서 잠드는 일에 대해
살아서 깨어나는 일에 대해
이름도 모르는 벌판의 낯선 태양과
살아서 마주치는 일에 대해.

바람이 몹시 분다.
바람이 뭔지도 모르면서
두려움 없이 바람 소리를 듣는다.
나무가 뭔지도 모르면서
나무로 살아온 것처럼.

눈동자들은 벌판의 끝으로 굴러가 있고
눈물의 의미도 모르면서 자꾸만
반짝반짝 글썽인다.

올해 들어서 일기를 쓰기 시작했어요. 한 네 칸 정도. 매일. 그것도 쓰기 어렵더군요. 그날의 날씨, 만나는 사람들, 통화 내용, 읽은 책, 마신 술 등등, 그래도 부족해요. 네 칸도 못 채울 정도로 산다고 생각하니 좀. 그래서 이런저런 느끼고 생각한 것들을 적었더니 어제 한 생각을 오늘 또 하고, 내일 할 걱정을 오늘 또 미리 하고 그러더라구요. 참 부지런하게 산다고 생각했더니 다 이유가 있었던 것이죠. 그러다가 농사짓는 사람처럼, 아니, 그보다는 사관처럼 일어난 일들을 일어난 그대로 적기 시작했어요. 1단지 입구 앞 단풍나무가 완전히 붉게 변한 날을 기록하는 것처럼. 이렇게 일기를 쓰니까 좀 마음에 들더군요. 어쩐지 내가 쓰지 않으면 영영 잊힐 역사를 기록하는 듯한 느낌이 들어서요. 1단지 입구 앞 단풍나무의 소소한 역사라도 엄연한 역사라지요.

따뜻한 마음

김행숙

얼어붙은 마음이 녹으면서
차츰 마음이 보이지 않습니다
더욱 외로워졌어요

끝이 보이지 않습니다
우리는 헤아려지지 않습니다
너의 얼굴에 영원히 머무를 것 같은
미소는

미소가 사라지는 순간은
회오리처럼
마음이 세차게 몰아닥칠까요?

아무 일도 일어나지 않는
마음의 사막에
가득히
빛

수수께끼의 형상으로
우리의 포옹은
빛에 싸여
어둠을 끝까지 끌어당기며
서 있습니다

몇 년 전 함부르크에 갔을 때, 길을 걸어가다가 별생각 없이 〈어둠 속의 대화〉라는 전시를 관람했습니다. 그건 시각을 제외한 다른 감각기관을 이용해 빛이 차단된 전시장에 재현한 거리, 카페, 숲길 등을 관람객들이 체험하는 전시였습니다. 저도 지팡이에 의지해 안내인의 지시만 들으며 더듬더듬 앞으로 나아갔습니다. 눈을 감은 세계는 온갖 소리와 다양한 촉감의 표면으로 이뤄져 있더군요. 소리와 냄새와 바람은 날벌레들처럼 제게 와 부딪혔습니다. 어쩌면 눈을 감는 게 오히려 진실을 더 잘 아는 길일 수도 있겠다는 생각이 들었습니다. 올겨울의 할 일은 두 눈을 감고 눈을 맞는 일. 어쩌면 처음 눈을 맞을 때로 돌아갈 수도 있겠습니다.

이것만 쓰네

이기철

내 언어로는 다 쓸 수 없어 이것만 쓰네
山房에 벗어놓은 흰 고무신 안에 혼자 놀다 간 낮달을
내게로 날아오다 제 앉을 자리가 아닌 줄 미리 알고 되돌아간 노랑나비를
단풍잎 다 진 뒤에 혼자 남아 글썽이는 가을 하늘을
한 해 여름을 제 앞치마에 싸서 일찌감치 풀숲 속으로 이사를 간 엉겅퀴 꽃씨를
내 언어로는 다 쓸 수 없어 이것만 쓰네
사월 달래순이 묵은 돌덩이를 들어 올리는 힘을 본 것도 같은데
저를 좀 옮겨달라고 내 바지 자락에 매달리는, 어언 한 해를 다 살아버린 풀씨의 말을 알아들은 것도 같은데
아직도 흙 이불로 돌아가지 못한 고욤 열매의 추위를 느낀 것도 같은데
다 쓸 수 없어 이것만 쓰네

초등학생들에게도 배울 건 많지요. 우선 일단 재미있느냐, 없느냐로 모든 걸 판단하는 것. 그 다음, 뭘 하려는데 안 된다고 말하면 "왜요? 왜요?"라고 귀찮게 쫓아다니며 이유를 묻는 것. 초등학교 선생님이 미술시간에 아이들에게 자유롭게 그림을 그리라고 했답니다. 한 아이가 20분째 스케치북을 감싸고 웅크린 채 그림 그리기에 몰두했다지요. 하도 기특해서 선생님이 가서 물었습니다. "지금 뭘 그리니?" 아이는 그림에서 눈도 떼지 않고 말했습니다. "신을 그리고 있습니다." 선생님이 놀라서 말했습니다. "신이 어떻게 생겼는지 알아야 그리지." 그러자 그 아이의 대답은? "이제 곧 아시게 될 거예요." 세 번째는 이 밑도 끝도 없는 초등학생들의 자신감입니다. 하지만 항변하자면, 어른들도 뭘 몰라서 거기서 입을 다무는 건 아니에요. (여러분, 주목! 주목!) 그냥 여기까지만 말할게요. 이유는 각자 알아서 생각하세요. 숙제예요. 아니라니까요. 몰라서 그러는 게 절대로 아니라니까요. (조용히 하세요!) 이런이런.

낙화, 첫사랑

김선우

1

그대가 아찔한 절벽 끝에서
바람의 얼굴로 서성인다면 그대를 부르지 않겠습니다
옷깃 부둥키며 수선스럽지 않겠습니다
그대에게 무슨 연유가 있겠거니
내 사랑의 몫으로
그대의 뒷모습을 마지막 순간까지 지켜보겠습니다
손 내밀지 않고 그대를 다 가지겠습니다

2

아주 조금만 먼저 바닥에 닿겠습니다
가장 낮게 엎드린 처마를 끌고
추락하는 그대의 속도를 앞지르겠습니다
내 생을 사랑하지 않고는
다른 생을 사랑할 수 없음을 늦게 알았습니다
그대보다 먼저 바닥에 닿아
강보에 아기를 받듯 온몸으로 나를 받겠습니다

지난 십일월의 어느 밤, 자정 가까울 무렵이었어요. 커피를 들고 안개들이 모여드는 광장에 서 있었습니다. 필시 안개들이 모일 때도 서걱서걱이라거나 바스락바스락이라거나 파닥파닥이라거나, 그 어떤 소리가 있을 텐데 아무리 귀를 기울여도 소리는 들리지 않고, 오직 고요하기만 했습니다. 소리가 없으니 가난한 안개들이라는 생각이 들었어요. 안개들은 밤새 광장을 점거하고 농성에 들어갈 태세였는데도 정보과 형사들은 한 명도 나와 보지 않더군요. 저 안개들의 가난함은 과연 누가 알아줄 것인지 걱정이 돼 광장을 떠날 수 없다고 생각했습니다만……. 며칠이 지나 고작 여기에다가 지난 십일월, 안개들은 꽤 가난했다고 기록할 뿐입니다.

사랑의 미안

이영광

울음은 어디에서 오는가, 불이 들어가서 태우는 몸.
네 사랑이 너를 탈출하지 못하는 첨단의 눈시울이
돌연 젖는다 나는 벽처럼 어두워져
아, 불은 저렇게 우는구나, 생각한다.
따로 앉은 사랑 앞에서 죄인을 면할 길이 있으랴만,
얼굴을 감싸쥔 몸은 기실 순결하고 드높은 영혼의 성채
울어야 할 때 울고 타야 할 때 타는 떳떳한 파산
나는 불속으로 걸어들어갈 수 없다.
사랑이 아니므로, 함께 벌받을 자격이 없다.
원인이기는 하나 해결을 모르는 불구로서
그 진흙 몸의 충혈 껴안지 못했던 것.
네 울음을 없었던 것으로 만들기 위해서라면 나는
소용돌이치는 불길에 몸 적실 의향이 있지만
그것은 모독, 모독이 아니라 해도, 이 어지러움으론
그 무엇도 진화하지 못하리라, 그러므로 나는
사랑보다 더 깊고 무서운 짐승이 올라오기 전에
피신할 것이다 아니, 피신하지 않을 것이다 아니,
제자리에 가만히 멈춰 있을 것이다.

네가 단풍처럼 기차에 실려 떠나는 동안 연착하듯
짧아진 가을이 올해는 조금 더디게 지나는 것일 뿐이리라.
첫눈이 최선을 다해 당겨서 오는 강원도 하늘 아래
새로 난 빙판길을 골똘히 깡충거리며,
점점 짙어가는 눈발 속에 불길은 서서히 냉장되는 것이리라.
만병의 근원이고 만병의 약인 시간의 찬 손만이 오래
만져주고 갔음을 네가 기억해낼 때까지,
한 불구자를 시간 속에서 다 눌러죽일 때까지
나는 한사코 선량해질 것이다.
너는 한사코 평온해져야 한다.

이제 겨울이 찾아오면 북서쪽에서 바람이 불어올 테죠. 그 바람은 시베리아산이에요. 그 땅의 풍토를 닮아 건조하고 차갑죠. 그 바람이 우리 집 앞까지 찾아오는 건 모두 지구의 자전축이 태양을 향해 23.5도 기울어져 있기 때문입니다. 지구는 왜 기울어졌을까? 그런 생각을 하며 보낸 하루도 있었어요. 혜성과 충돌한 흔적이라는 설도 있지만, 자세한 건 알 수 없죠. 어쨌든 반듯하면 보기도 좋을 텐데, 지구는 약간 기울어졌어요. 그래서 계절은 바뀌죠. 계절이 바뀌어서 차가운 바람이 불면 우리는 좀 외로워지기도 하고 그래서 연애도 하고, 또 결혼도 하죠. 지구가 왜 기울어졌는지는 모르지만, 어쨌거나 덕분에 우린 울고 웃네요. 그러고 보면 이 바람도 대단하지 않나요? 글쎄, 시베리아에서 왔다니까요.

옷
―이문영에게

이정록

집을 뛰쳐나온 열세 살 때
그는 시다였다 양복점 조수였다
재단대에서 꼽추 잠을 잤다
그렇게나 입고 싶었던 교복과
교련복에 단추를 달았다
피기도 전에 구겨진 청춘에 다림질했다
그가 재단하고 남긴 자투리 종이에
나는 수학 문제를 풀고 시를 쓰고 연애편지를 썼다
가위질 된 종이에는 초크 자국과
연필 자국이 선명했다 간혹 핏방울도 찍혀 있었다
그 초크 자국과 연필 선이 모여
사람의 길이 되리라 악수를 건넸던가
치수를 재던 대나무 자가 가로등으로 서리라
그의 어둠과 그늘을 믿었던가
어린 가슴에 심어뒀던 살얼음의 꿈들을
성냥불처럼 조마조마 지켜온 나날들
그 옛날 야근하며 꿰맸던 옷들이
지금은 낡고 해져 버림받았다고 해도

그 옷들이 땀으로 범벅이 되며
세상을 세웠다고 믿는다, 그는
골무처럼 아픈 손끝을 믿는다
옷은 제 상처로 사람을 철들게 한다
한 땀 한 땀 옷을 꿰매던 사람
누더기 많은 어둔 세상에
등 하나 내다 건다 (그의 나이 마흔세 살, 오늘은
그가 장애인 후원회장으로 취임하는 날이다)
불꽃은 작고 바람은 차다
그의 손 곁으로 수많은 손들이 다가와
더불어 작은 불빛을 감싸 안는다
그러자 불꽃 심지가 허공에다 쓴다
세상의 하느님은 언제나
시다다 조수다 기레빠시다

매년 시월이 되면 페루의 수도 리마에서는 〈기적의 주님〉 축제가 벌어집니다. 2톤에 달하는 〈기적의 주님〉 그림을 따라 남아메리카 전역에서 모인 신자들이 리마 시내를 따라 행진한다지요. 이 축제는 식민지 시절 앙골라에서 끌려온 한 노예가 리마 근처 파차카밀리아 대농장의 오두막 벽에 그린 그리스도 그림에서 유래했다고 합니다. 사람들이 아무리 지우려고 해도 그 그림은 지워지지 않았다고 합니다. 리마에 가서 행렬의 맨 앞에서 사람들을 이끌며 행진하는 그리스도의 모습을 본다면, 깜짝 놀랄지도 모르겠습니다. 그건 검은 그리스도거든요. 맞습니다. 아프리카에서 끌려온 노예들에게 하느님은 어떤 경우든 흑인일 수밖에 없는 것이니까요.

슬프고 외로우면 말해, 내가 웃겨줄게

신현림

> 엄마, 화나고 슬프고 외로우면 나한테 말해.
> 내가 도와줄게 내가 웃겨줄게 내가 얼마나 웃기는데.
> ―딸 서윤이 일기

너를 안으면 다시 인생을 사는 느낌이다

네 눈빛 어두운 내 안의 우물을 비추고
네 손길 스치는 것마다 향기로운 구절초를 드리우고
네 입술 내 뺨에 닿으면 와인 마시듯 조용히 취해간다

네 목소리 내 살아온 세월 뒤흔들고
생생한 기운 퍼뜨릴 때

고향집 담장 위를 달리던 푸른 도마뱀이 어른거리고
달큰한 사과 냄새, 앞마당 흰 백합,
소금처럼 흩날리는
흰 아카시아 꽃잎 눈이 멀도록 아름다워
아아아, 소리치며 아무 걱정 없던
추억의 시간이 돌아와 메아리친다

유치원이나 초등학교 앞을 지나갈 때면 아주 기분이 좋아집니다. 거기 아이들이 있으니 아직도 서로 사랑하는 사람들이 많다는 사실을 알 수 있잖아요. 산부인과 앞이라도 지나간다면 정말 감개무량입니다. 세상은 여전히 살 만한 곳이고, 사랑할 만한 곳이지요. 그러니 그렇게 많은 연인들이 아이를 낳았겠죠. 아이가 태어나면 부모들은 한 살부터 다시 인생을 사는 것이나 마찬가지죠. 두 번째니까 처음 살았을 때보다는 더 현명하구요. 듣기 싫었던 어머니의 그 잔소리는, 그러고 보니 현명한 탓이었군요. 이젠 알겠어요. 왜 모든 어머니들이 너도 애 낳아서 길러보라고 말했는지. 다시 처음부터, 그거 여간 힘든 게 아니거든요. 그럼에도 한 번 더, 그 모든 외로움과 슬픔도 한 번 더……. 그때 우린 살아 있었으니까. 아이를 낳는 연인들은, 하지만 이제는 더 이상 옛날의 그 연인들이 아니겠지만, 모두 그걸 아는 사람들 같아요.

신이 감춰둔 사랑

김승희

심장은 하루 종일 일을 한다고 한다
심장이 하루 뛰는 것이
10만 8천 6백 39번이라고 한다
내뿜는 피는 하루 몇천만 톤이나 되는지 모른다고 한다
지구에서 태양까지의 거리가 1억 4천 9백 6십만km인데
하루 혈액이 뛰는 거리가
2억 7천 31만 2천km라고 한다
지구에서 태양까지 두 번 갔다 올 거리만큼
당신의 혈액이 오늘 하루에 뛰고 있는 것이다
바로 너, 너, 너! 그대!

그렇게 당신은 파도를 뿜는다
그렇게 당신은 꺼졌다 살아난다
그렇게 당신은 달빛 아래 둥근 꽃봉오리의 속삭임이다
은환의 질주다

그대가 하는 일에 나도 참가하게 해다오
이 사업은 하느님과의 동업이다
그 속에서 나는 사랑을 발견하겠다

이제 누군가 앞에 있다면, 그 사람의 얼굴이나 직업이나 재산 같은 걸 생각하지 마시고, 그 사람하고 친해져서 좋은 건 뭐가 있을까 따져보지 마시고, 그 몸 안에서 흐르고 있을 피를 상상해보세요. 하루에만 지구에서 태양까지 두 번이나 다녀올 정도로 뜨겁고 힘찬 피와 그 붉음을. 사랑하는 건 너무나 쉬운 일이죠. 우리가 서로에게 하찮아지지 않을 수만 있다면. 우린 저마다 대단해요. 아니, 우리라기보다는 우리의 피는, 그리고 우리의 심장은. 하느님이 이 세상 모든 것을 사랑하듯, 우리 모두는 사랑받아 마땅해요. 사랑은 발견되기를 기다리는 보석 같은 것. 거기 사랑이 보이지 않는 인생도 있겠지만, 그렇다고 없다고 말할 수는 없어요. 지구와 태양을 생각하세요. 그리고 피를 생각하세요. 그 안에서 사랑을 발견하세요.

2

나는 내 인생이 마음에 들어

스물

강성은

나는 벌거벗고도 단추 채우는 방법을 알아요
숫자는 몰라도 시계는 스무 개가 넘어요
일요일엔 챙 넓은 모자를 쓰고 자전거를 탔어요
이런, 풀밭에서 느릿느릿 사전이나 씹어먹을 작자 같으니
나는 자전거를 걷어찼고 자전거는 달렸어요
달리기는 자전거와 나의 슬픈 식사
우리는 삐뚤삐뚤 주위를 맴돌다
아무도 없는 그곳을 빠져나왔어요
나는 많은 사람들 속에서 투명인간이 되는 법을 알아요
비가 올 때마다 젖지만 우산은 스무 개가 넘어요
오늘밤 달은 제 몸을 반이나 먹어치웠어요
달을 너무 오래 보면 미쳐버린다고 말해준 엄마
검은 옷장 속에서 지나온 계절들을 다림질하고 있겠죠
내가 내 몸을 반쯤 먹어치울 동안
문 열면 봄인 어느 저녁이 올 때까지
나는 나를 찌르고도 피 흘리지 않는 법을 알아요
어제도 시간은 하수구로 흘렀는데
햇살 아래 떠다니는 파도는 스무 개가 넘어요

며칠 전에 한국소설을 외국어로 번역하겠다는 포부를 가진 분들과 대화를 나눌 기회가 생겼습니다. 그중 한 분이 제게 소설을 쓰는 최종적인 목표가 무엇이냐고 물으시더군요. 자아실현……이라고 대답하면 웃으실까 봐, 인류 공영에 이바지하고자……라고 말하면 놀란다고 생각할까 봐, 눈 딱 감고 정말 멋진 소설을 한 편 쓰고 죽는 일이라고 말했습니다. 말하자면 점점 소설이 좋아져서 죽기 직전에 가장 좋은 소설을 쓰겠다는 소리니까 정말 어마어마한 목표를 말한 것이죠. 나로서는 용기 내어 속마음을 털어놓은 것인데, 그분은 그러지 말고 솔직하게 말해보라고 하시더군요. 제가 뭔 소리인지 몰라서 버벅대고 있으려니까 소설가로 태어났으면 노벨상 정도는 받겠다는 포부가 있어야 하지 않느냐고 힌트를 주시더군요. 힌트는 잘 들었습니다만, 제가 얼마나 비관적인데요. 인생이 저를 속인 적은 없지만, 어쨌든 전 인생을 믿지 않아요. 어쩌다가 이런 인간이 됐는지 곰곰이 생각해보니 아마 스무 살 시절의 일들 때문인 것 같더군요. 에잇, 그 시절엔 정말 되는 일 하나도 없었죠. 되는 일이 없었던 덕분에 이 정도 인간은 될 수 있었던 게 아닐까, 가끔은 그런 생각도 합니다.

노르웨이, 노르웨이

김이강

노르웨이에서 온 남자가
노르웨이로 간 여자를 생각한다

노르웨이
이곳이 바로 노르웨인데
가방들이 얼음처럼 무거워진다

노르웨이의 새들은 물 위에서 잠을 잔다
조류에 밀려 부딪치면
그들은 부부가 되거나
북해의 끝과 끝으로 날아간다

날아가서 다시는 날지 않는다
노르웨이에서 온 남자도
노르웨이에서 온 여자도
노르웨이의 그림자들도

노르웨이로 간 사람을 생각한다

노르웨이를 생각한다

생각한다

노르웨이의 베르겐이라는 항구도시에 간 적이 있었어요. '킹스 오브 컨비니언스'라는 이름으로 노래하는 청년들의 고향이지요. 노르웨이 제2의 도시라는데, 해만 떨어지면 거리에 사람들이 없어요. 바닷가에 열어놓은 술집이 고작 한두 군데. 술값은 맥주 한 잔에 만오천 원. 그 술집에 앉아 베르겐의 약사略史를 읽었습니다. 몇백 년 전에는 술 때문에 문제가 많아 금주령이 떨어진 적도 있었다네요. 또 몇백 년 전에는 큰 화재가 발생해 집들이 다 타버렸다는군요. 다음 날, 골목을 걸어가다가 건축 양식이 서로 다른 두 집이 빈틈없이 맞붙은 모습을 발견했어요. 두 집의 건축 시기는 몇백 년 차이 난다고 하더군요. 화재의 흔적. 그건 화재를 이겨낸 흔적이라는 뜻이더군요. 모든 상처가 그 고통을 이겨냈다는 걸 말하듯이.

좋은 일들

심보선

오늘 내가 한 일 중 좋은 일 하나는
매미 한 마리가 땅바닥에 배를 뒤집은 채
느리게 죽어가는 것을 지켜봐준 일
죽은 매미를 손에 쥐고 나무에 기대 맴맴 울며
잠깐 그것의 후생이 되어준 일
눈물을 흘리고 싶었지만 눈물이 흐르진 않았다
그것 또한 좋은 일 중의 하나
태양으로부터 드리워진 부드러운 빛의 붓질이
내 눈동자를 어루만질 때
외곽에 펼쳐진 해안의 윤곽이 또렷해진다
그때 나는 좋았던 일들만을 짐짓 기억하며
두터운 밤공기와 단단한 대지의 틈새로
해진 구두코를 슬쩍 들이미는 것이다
오늘의 좋은 일들을 비추어볼 때
어쩌면 나는 생각보다 조금 위대한 사람
나의 심장이 구석구석의 실정맥 속으로
갸륵한 용기들을 알알이 흘려보내는 것 같은 착란
그러나 이 지상에 명료한 그림자는 없으니

나는 이제 나를 고백하는 일에 보다 절제하련다
발아래서 퀼트처럼 알록달록 조각조각
교차하며 이어지는 상념의 나날들
언제나 인생은 설명할 수 없는 일들투성이
언젠가 운명이 흰수염고래처럼 흘러오겠지

깐깐오월이라고, 음력 오월, 그러니까 양력 유월의 때 이른 더위가 잘 적응되지 않듯이 십일월의 밤길이야말로 느낌상 가장 추울 때가 아닌가 하는 생각이 듭니다. 갑자기 뚝 떨어진 기온, 경찰관처럼 온몸을 샅샅이 검색하는 바람, 생각보다 조금 더 먼 곳에 있는 집. 혼자서 덜덜 떨면서 걸어가다가 차가운 밤하늘에 떠 있는 달을 보면서 위안을 삼는 밤길. 그럴 때면 그 노란 달에 눈동자를 두 개 그려주고 싶다고 생각하기도 했습니다. 그러면 그 달은 꽁꽁 얼어붙은 얼굴로 거기 높은 곳에서 나를 내려다보겠죠. 큰 눈꺼풀을 깜빡거리며. 얼어 죽겠다고 엄살을 피우면서도 나는 생각에 잠기겠지요. 달이 바라보고 있으니 이 밤에 외로워서 죽는 사람은 아마도 없을 것이라고. 그런 점에서 어떤 일이 있어도 쉬지 않고 지구를 도는 달은 좋은 달입니다.

밤과 나의 리토르넬로

김지녀

어젯밤은 8월이었어요 날마다 문을 열고 집을 나서는 사람들의 등 뒤로 여름이 가고 있지만 가을은 오고 있지만
　나는 아직 한 장의 얼굴을 갖지 못한 흉상
　여름과 가을 사이에 놓인 의자랍니다

나는 체스의 규칙을 모르지만
우리를 움직이는
밤과 낮의 형식을 좋아해요

눈을 감았다 뜨면
감쪽같이 비가 오거나 목소리가 변하거나
나무들이 푸르러졌어요

누군가 피를 토하면서도 다리를 꼬고 있다면
그건 죽음에 대한 예의일 것이고
누군가 문을 두드린다면
그건 나에 대한 의심일 테지만
나는 너무 조금밖에 죽지 못했다*고 말할 거예요

사소한 바람에도 땅을 움켜잡는 나무가
의자에 붉은 잎사귀 몇, 뱉어놓는 밤에

나의 입안에선 썩은 모과 향이 꽃처럼 확, 피었다 지고 있어요

*바예호의 시에서.

이 시를 옮겨 적다가 실수로 '나무'를 '나부'라고 쳤습니다. 裸婦. 써놓고서는 그 문장을 한참 바라봤어요. 심지어는 읽어보기까지 했어요. "눈을 감았다 뜨면 감쪽같이 비가 오거나 목소리가 변하거나 나부들이 푸르러졌어요." 오독했다는 것을 알면서도 이렇게 오랫동안 생각하다니, 아마 공들여 그 단어를 골랐을 시인에게 이만저만한 불경이 아니겠네요. 미안해요. 하지만 실수를 오랫동안 생각하는 건 제 버릇이랍니다. 반성하고 후회해서 다음번에는 실수하지 않기 위해서라기보다는 놀라기 위해서. 동네를 산책하다가 잘못 들어선 길에서 한 번도 보지 못했던 작은 공원을 발견하고는 놀랐던 지난해 여름처럼. 거기 그렇게 예쁜 공원이 있을 줄이야……. 그 공원 벤치에 앉아 어쩌면 실수가 지금의 나를 만든 건 아닐까 하고 진지하게 생각할 때처럼.

나는 내 인생이 마음에 들어

이근화

나는 내 인생이 마음에 들어
한 계절에 한 번씩 두통이 오고 두 계절에 한 번씩 이를 뽑는 것
텅 빈 미소와 다정한 주름이 상관하는 내 인생!
나는 내 인생이 마음에 들어
나를 사랑한 개가 있고 나를 몰라보는 개가 있어
하얗게 비듬을 떨어뜨리며 먼저 죽어가는 개를 위해
뜨거운 수프를 끓이기, 안녕 겨울
푸른 별들이 꼬리를 흔들며 내게로 달려오고
그 별이 머리 위에 빛날 때 가방을 잃어버렸지
가방아 내 가방아 낡은 침대 옆에 책상 밑에
쭈글쭈글한 신생아처럼 다시 태어날 가방들
어깨가 기울어지도록 나는 내 인생이 마음에 들어
아직 건너보지 못한 교각들 아직 던져보지 못한 돌멩이들
아직도 취해보지 못한 무수히 많은 자세로 새롭게 웃고 싶어

*

그러나 내 인생의 1부는 끝났다 나는 2부의 시작이 마음에 들어

많은 가게들을 드나들어야지 새로 태어난 손금들을 따라가야지
좀 더 근엄하게 내 인생의 2부를 알리고 싶어
내가 마음에 들고 나를 마음에 들어 하는 인생!
계절은 겨울부터 시작되고 내 마음에 드는 인생을
일월부터 다시 계획해야지 바구니와 빵은 아직 많이 남아 있고
접시 위의 물은 마를 줄 모르네
물고기들과 꼬리를 맞대고 노란 별들의 세계로 가서
물고기 나무를 심어야겠다

*

3부의 수프는 식었고 당신의 입술로 흘러드는 포도주도
사실이 아니야 그렇지만 인생의 3부에서 다시 말할래
나는 내 인생이 정말로 마음에 든다
아들도 딸도 가짜지만 내 말은 거짓이 아니야
튼튼한 꼬리를 가지고 도끼처럼 나무를 오르는 물고기들
주렁주렁 물고기가 열리는 나무 아래서
내 인생의 1부와 2부를 깨닫고

3부의 문이 열리지 않도록 기도하는 내 인생!
마음에 드는 부분들이 싹둑 잘려나가고
훨씬 밝아진 인생의 3부를 보고 있어
나는 드디어 꼬리 치며 웃기 시작했다

겨울이 되면 좋은 일들은 한두 가지가 아니지만, 그중에 하나는 뜨거운 차를 마음껏 마실 수 있다는 사실. 개인적인 월동 장비에는 패딩 점퍼, 클래식 음반 전집, 햇볕이 잘 드는 카페 등이 있어요. 미국 오리건 포틀랜드에 주문하는 각종 허브차 선물세트도 그중 하나죠. 겨울이 시작되기 전에 인터넷으로 주문하면 마치 깜짝 선물처럼 집으로 배달되죠. 차가 도착한 뒤부터는 아침에 눈을 뜨면 곧장 부엌으로 가서 물을 끓이죠. 물이 다 끓으면 컵에 부은 뒤, 티백을 넣어요. 그 다음 몇 분은 음, 할 일이 없습니다. 4분이나 5분 정도. 차가 우러나기까지는. 다른 일을 하기에는 애매한 자투리 같은 시간이에요. 그래서 부엌에 서 있습니다. 아무 일도 하지 않으면 좀 이상할 것 같아서 창밖을 내다보면서요. 보아하니 해 뜨는 시간은 점점 늦어지다가 어느 순간부터는 점점 빨라지더군요. 지난겨울, 내 인생이 마음에 들었던 순간은 그 몇 분, 그러니까 차가 우러나기까지 4분이나 5분 정도였어요.

모란을 보러 갔다

조은

오랜 친구들과 막 사귄 친구들과 어울려
늦은 밤 궁궐로 모란을 보러 갔다

모란을 보러 갈 때는 설레고
돌아올 때는 쓸쓸하다

모란 군락 앞에서
친구들은 노래를 부르고
재주를 넘고
꽃의 기쁨만 만끽했다

다음날에도
그 다음날에도
혼자 모란을 보러 갔다

꽃구경이라는 걸 처음 해본 건 어린 시절 추풍령휴게소에서. 거긴 해마다 피는 벚꽃으로 유명하죠. 제가 어렸을 때만 해도 그럴싸한 벚나무 아래에 돗자리를 깔려면 아침 밥숟가락을 놓자마자 버스를 타야만 했죠. 거기 활짝 핀 벚나무 아래에 누워 꽃들을 바라보던 일요일들이 있었죠. 주위에 꽃을 보러 온 사람들로 떠들썩하던, 1980년대 초반의 아름다운 일요일들이었죠. 그런 시절들은 다 지나갔습니다. 이젠 추풍령휴게소에 벚꽃이 피어도 거기 놀러 가는 가족들은 하나도 없어요. 언젠가 집에 가다가 추풍령휴게소에 내려 활짝 핀 벚꽃들을 바라본 적이 있어요. 나라도 보지 않으면 자살이라도 할까 봐, 활짝 핀 벚꽃들을 바라보는 그런 심정을 아실는지 모르겠어요. 추풍령휴게소의 벚나무들, 울지 않고 서 있는 것만 해도 대단하다는 생각이 들어요.

여름의 달력

하재연

초록색 사과를 깨물던 내가 있고
사과를 네 쪽으로 갈라서 깎기를 좋아하던 당신이 있고

나는 구름이 변하는 모습을 구경하다가
구름의 발목이 사라지는 광경을 바라본다.
발목이 발목을 데리고 가는 순간에,
당신의 전화가 울린다.

여름의 구름은 대기의 규칙을 따른다.
오른발을 먼저 내미는지 왼발을 먼저 내미는지
하얀 선 앞에 서보고 싶었는데,
멀리서 시작된 누군가의 달리기.

당신의 자동응답기는
여름의 목소리만 담고 있다.
그리고 당신의 달력은
월요일부터 시작한다.

구름과 초록은 대기로 스며들고
사라지고

내 여름의 달력은
일요일부터 시작한다.

지금까지 여름을 한 마흔 번 정도 겪어봤더니 알겠더군요. 내게 허용된 여름이란 아무리 많아봐야 1백 개 정도일 거라는 진실. 그중에서도 가장 아름다운 여름은 고작 한 개. "내게는 아름다운 여름 따위는 하나도 없었어"라고 말하는 분도 있겠죠. 그런 여름이 있었다고 해도, 또 없었다고 해도 어쨌든 우리에게 허용된 여름은 많아봐야 1백 개 정도이고 그중에서 가장 아름다운 여름은 고작 한 개라는 진실이 바뀌지는 않지요. 여름이 시작될 무렵이면, 늘 그 단 하나의 가장 아름다운 여름에 대해서 생각합니다. 가장 아름다운 여름을 보내는 일은 칠월의 하순, 뜨거운 햇살 속에서 땀을 흘리다가 아이스크림을 먹는 일과 비슷합니다. 혀는 아이스크림의 맛을 보는 게 아니라 그 표면의 차가움을 느낍니다. 그런 차가움은 마치 처음인 것처럼. 가장 아름다운 여름이란 우리가 처음처럼 살아가는 여름일 테죠. '두 번 다시'란 없다는 듯이 살아가는 여름. 그렇다면 매번 처음처럼 느껴지는, 모두 1백 번의 여름을 살 수도 있겠군요. 그렇다면 가장 아름다운 여름은 고작 한 개라는 건 진실이 아니겠군요.

개종

황인찬

누군가 문을 두드렸기에 나는 문을 열었다
문밖에는 아무도 없었다
문의 안쪽에는 나와 기원이 있었다
나는 기원을 바라보며 혹시 무언가 잘못된 것이 있는지 물었다
기원은 내게 잘못된 일은 없다고 말해주었다
그렇다면 다행이다
나는 그렇게 생각하며 올여름의 아름다운 일들을 생각했다
아무런 일도 생각나지 않았다
뜨거운 빛이 열린 문을 통해 들어오고 있었다
무더운 여름이었다

스페인의 살라망카라는 곳에 갔어요. 그 도시에 아는 사람이라고는 제가 쓰려는 소설 속의 등장인물. 불행하게도 벌써 몇백 년 전에 죽었죠. 인터넷으로 한 호스텔을 예약했습니다. 밤이 깊어 도착하니, 어디가 어딘지 알 수 없더군요. 간신히 찾아가니, 그건 다 쓰러져가는, 말하자면 여인숙. 냄새나는 방에 들어가 아마도 그날의 손님은 나 혼자뿐이라고 생각하며 지갑을 잘 챙겨두려는데, 갑자기, 아무런 맥락 없이 벽 너머에서 남녀의 교성이 들리더군요. 혼자는 아니구나, 그런 안도감은 전혀 들지 않고 왠지 울고 싶더군요. 해서 바로 나와 거리를 걸었습니다. 얼마쯤 걸어가니 광장이 나오더군요. 거기 앉아 있다가 다시 호스텔로 돌아오니 사랑이 끝난 뒤의 침묵뿐. 어쨌든 잘 잤습니다. 자라고 만든 곳이니까. 다음 날 나와보니 바로 눈앞에 대성당, 그것도 구성당과 신성당, 두 개가 있더군요. 어떻게 그걸 몰랐을까? 어제 외로웠나? 갑자기 그런 생각이 들었어요.

동물원에서

오은

레드를 봤어요
*피벽돌양탄자*가 아닌
통째로 온전한 레드를요
*망고말보로바이올린*과는 격이 달랐죠
레드는 뭐랄까, 사람 같았다니까요
살아 있는 레드, 호흡하는 레드
탱탱한 덩어리의 레드
찰흙처럼 퍼덕거리다가
콜타르처럼 흐르다가
멸치처럼 바짝 말라붙었다가
아직 죽기는 싫은지
왼쪽 심장이었다가, 당신의 온기를 동맥으로 밀어냈다가
온몸이 달아올라 헐떡거리다가
블루와의 원 나이트 스탠드였다가
10월에 퍼플 레인으로 쏟아지다가
질량 보존을 위해
수백만 개의 젖꼭지가 되었다가
애를 밴 섬바다였다가

태교에 좋은
달팽이관의 펑크록 사운드였다가
벨벳 골드 마인이었다가
카메라가 다가가면 용케 멈춰버리는
대가리를 열고 가시를 겨누기 시작하는
애니바디, 에브리바디 어쩌면 노바디 레드는
때때로 식물원에 팔려 간 친구
튤립선인장아스파라거스를 생각하며 쓸쓸해질 줄 아는

레드는 뭐랄까,
광화문에 뿌려진 하인즈 토마토케첩이지요

낙타를 처음 봤을 때가 생각납니다. 쌍봉이어야만 하는데, 단봉이었어요. 저 혹 속에 비상시에 마실 수 있는 물이 들어 있다지? 〈소년중앙〉이었는지, 클로버문고였는지, 어디선가 읽은 상식을 떠올리면서 그 낙타를 바라봤죠. 그게 정말 맞는 얘기인지 잘 모르겠지만, 사막에서 정 먹을 물을 찾을 수 없다면 낙타를 죽이고 그 혹을 찢으면 물이 나온다고 하더군요. 그래서 좀 친해지려고 낙타 얼굴을 봤더니, 음, 낙타의 얼굴은 〈스타워즈〉 같은 영화 속에나 나올 것만 같은, ET보다도 더 괴상하게 생긴 생명체였던 것입니다. 특히 얼굴과 따로 노는 입과 혀는 정말 압권이었어요. 자신이 얼마나 웃기게 생겼는지 낙타는 모르겠죠? 짬뽕 같은 동물. 그 뒤로 내게 동물원이란 낙타가 사는 곳이 됐죠. 지금도 그래요. 동물원에 갈 때마다 낙타를 보러 가는데, 나이가 드니까 이젠 좀 슬퍼지더라구요. 낙타의 눈 때문에요. 그 눈, 자세히 들여다보신 적이 있나요? 뭐랄까, 광화문에 뿌려진 해직자의 눈빛 같다고나 할까. 아무튼 아무리 목이 말라도 그런 눈빛을 하고 쳐다보는 녀석을 어떻게 죽이겠어요? 사막을 건너갈 때는 물을 넉넉하게 채워가는 게 좋겠어요.

발 없는 새

이제니

청춘은 다 고아지. 새벽이슬을 맞고 허공에 얼굴을 묻을 때 바람은 아직도 도착하지 않았지. 이제 우리 어디로 갈까. 이제 우리 무엇을 할까. 어디든 어디든 무엇이든 무엇이든. 청춘은 다 고아지. 도착하지 않은 바람처럼 떠돌아다니지. 나는 발 없는 새. 불꽃 같은 삶은 내게 어울리지 않아. 옷깃에서 떨어진 단추들은 다 어디로 사라졌나. 난 사라진 단춧구멍 같은 너를 생각하지. 작은 구멍으로만 들락날락거리는 바람처럼 네게로 갔다 내게로 돌아오지. 우리는 한없이 둥글고 한없이 부풀고 걸핏하면 울음을 터뜨리려고 해. 질감 없이 부피 없이 자꾸만 날아오르려고 하지. 구체성이 결여된 삶에도 사각의 모퉁이는 허용될까. 나는 기대어 쉴 만한 곳이 필요해. 각진 곳이 필요해. 널브러진 채로 몸을 접을 만한 작은 공간이 필요해. 나무로 만든 작은 관이라면 더 좋겠지. 나는 거기 누워 꿈 같은 잠을 잘 거야. 잠 같은 꿈을 꿀 거야. 눈을 감았다 뜨는 사이 내가 어디로 흘러와 있는지 볼 거야. 누구든 한 번은 태어나고 한 번은 죽지. 한 번 태어났음에도 또다시 태어나고 싶어하는 사람들. 한 번 죽었는데도 또다시 죽으려는 사람들. 제대로 태어나지도 제대로 죽지도 못하는 사람들. 청춘은 다 고아지. 미로의 길을 헤매는 열망처럼 나아갔다 되돌아오지. 입말 속을 구르는 불안처럼 무한증식

하지. 나의 검은 펜은 오늘도 꿈속의 단어들을 받아적지. 떠오를 수 있을 데까지 떠올랐던 높이를 기록하지. 나의 두 발은 어디로 사라졌나. 짐작할 수 없는 침묵 속에 숨겨두었나. 짐작할 수 없는 온도 속에 묻어두었나. 짐작할 수 없는 온도는 짐작할 수 없는 높이를 수반하지. 높이는 종종 깊이라는 말로 오인되지. 다다르지 못한 온도를 노래할 수 있는가. 다다르지 못한 온도를 아낄 수 있는가. 우리의 대답은 언제나 질문으로 시작해서 질문으로 끝나지. 청춘은 다 고아지. 헛된 비유의 문장들을 이마에 새기지. 어디에도 소용없는 문장들이 쌓여만 가지. 위안 없는 사물들의 이름으로 시간을 견뎌내지.

언젠가 한국 닌텐도의 코다 미네오 사장의 인터뷰를 읽은 적이 있습니다. 기자가 "닌텐도의 경쟁 상대는 누구입니까?"라고 묻자, 코다 사장은 이렇게 대답했습니다. "게임에 대한 무관심입니다." 대단한 자신감이라는 생각이 들었습니다. 그러고 보면 청춘의 가장 큰 고민 역시 마찬가지라는 생각이 듭니다. 청춘에 대한 무관심. 술 마시고 노래하고 춤을 춰봐도 누구 하나 그들을 지켜보는 사람은 없으며, 젊을 때는 젊음을 모른다더니 심지어는 자신마저도 자신이 어떤 사람인지 잘 들여다보지 않습니다. 그래서 청춘이라고 말하면, 늘 목이 마르고 허기집니다. 외로움이 뭐냐고 묻는다면 목이 마르고 허기진 것과 같은 마음이라고 대답하겠어요.

그때에도

신해욱

나는 오늘도
사람들과 함께 있다.

누군가의 머리는 아주 길고
누군가는 버스를 탄다.

그때에도
이렇게 햇빛이 비치고 있을 테지.

그때에도 나는
당연한 것들이 보고 싶겠지.

아비라는 이름의 새가 있습니다. 아비류는 5종이 있는데, 주로 북반구의 북부에서 번식합니다. 그러다가 십일월 하순이 되면 회색머리아비와 큰회색머리아비가 한반도에 도착해서 겨울을 납니다. 유명한 아비 도래지는 경상남도 거제도 연안, 특히 해금강에서 구조라까지의 해안 해상. 아비류는 잠수가 능하나 둔하기 때문에 쉽사리 희생되어 나날이 감소되는 종이라고 합니다. 꼭 퇴직 위기에 처한 중년의 아버지들을 뜻하는 농담처럼 들리지만, 이건 은유도, 상징도 아닙니다. 백과사전에 나온 아비 항목을 그대로 옮긴 것입니다. 거제도 해상까지 찾아온 아비들은 한데 모여서 월동합니다. 월동, 그러니까 겨울을 넘어간다는 말 참 좋지요? 월동은 혼자 하는 게 아니라 둘 이상이 하는 일입니다. 따로 또 같이, 따뜻한 남쪽 바다 위에 함께 둥둥 떠가며 혹독한 계절을 넘어가는 일, 그게 월동이지요. 이것 역시 은유도, 상징도 아닙니다.

아름답게 시작되는 시

진은영

그것을 생각하는 것은 무익했다
그래서 너는 생각했다 무엇에도 무익하다는 말이
과일 속에 박힌 뼈처럼, 혹은 흰 별처럼
빛났기 때문에

그것은 달콤한 회오리를 몰고 온 복숭아 같구나
그것은 분홍으로 순간을 정지시키는 홍수처럼
단맛의 맹수처럼 이빨처럼
여자뿐 아니라 남자의 가슴에도 달린 것처럼
기묘하고 집요하고 당황스럽고 참 이상하구나
인유가 심한 시 같구나

그렇지만 너는 많이 달렸다는 이유만으로
어느 농부가 가지에서 모두 떼어버리는 과일들처럼…

여기까지 시작되다가
이 시는 멈춰버렸구나

투명한 삼각자 모서리처럼 눈매가 날카로운
관료에게 제출해야 할 숫자의 논문을 쓰고
"아무도 스무 살이 이토록 무의미하다는 걸 내게 가르쳐주지 않았어요"
라고 써 보낸 어린 친구에게 짧은 편지를 쓰고
나보다 잘 쓰면서
우연히 나를 만나면 선배님의 시를 정말 좋아했어요, 라고 대접해주는 예절 바른 작가들에게,
빈말이지만, 빈말로 하늘에 무지개가 뜬다는 것은 성경에도 나와 있는 일이니까,
빈말이 아니더라도 '좋아해요'와 '좋아했어요'의 시제가 의미하는 바를 엄밀히 구분할 줄 아는
나는 고학력의 소유자니까,
여전히 고마워하면서, 여전히 서로 고마워들 하면서, 그동안 쓴 시들이 소풍날 깡통넥타와 같다는 거
어릴 적 소풍가서 먹다 잊은 복숭아 깡통넥타를
나는 아마 열매 맺지 못할 복숭아나무 가지 사이에 끼워놓았나 보다. 바람이 불고 깡통 구멍이 녹슬어가고 파리인지 벌인지 모를

것이 한밤에도 붕붕거리고.
   그것은 너와 나의 어린 시절이 작고 부드러운 입술을 대어보았던 곳, 그 진실한 가짜 맛
   그러다가 나는 문득 시작해놓은 시가 있으며

   어떤 이야기가,
   어떤 인생이,
   어떤 시작이
   아름답게 시작된다는 것은 무엇일까
   쓰러진 흰 나무들 사이를 거닐며 생각해보기 시작하는 것이다

초등학생들 봄 소풍 날짜는 어떻게 정하는 걸까요? 제 생각에는 두 시간 정도 걸어가야 이마에 땀이 겨우 맺힐까 말까 할 정도로 날이 풀리면, 교육청에서는 소풍을 갈 때가 됐다고 생각했던 것 같습니다. 어린 시절, 소풍 전날이면 어머니가 제게 삼천 원을 주셨지요. 그 돈을 들고 가게에 가서 과자와 음료수를 샀어요. 초코파이 한 박스(천이백 원이었나요?), 고래밥(이건 이백 원?) 등등. 과자를 고르면서 계산을 잘해야만 했지요. 음료수도 사야 했으니까. 봉봉인가 쌕쌕인가, 오렌지 알이 든 주스도 샀지요. 두 시간을 걸어가서 이마에 땀이 어느 정도 맺히면, 선생님들은 다 왔다며 가져온 과자와 음료수를 먹으라고 하셨는데, 봉봉인가 쌕쌕인가 식어서 맛이 밍밍해진 주스를 단숨에 마시고 나면 그 알이 캔 안쪽에 조금 남죠. 그러면 고개를 뒤로 젖히고 혀끝으로 그 알루미늄 캔의 날카로운 구멍을 더듬습니다. 힘을 주면 혀끝이 베일 것 같은 아슬아슬한 느낌은 지금도 혀에 남아 있는데, 그게 벌써 삼십 년 전의 일. 어안이 벙벙하네요.

오래된 유원지

박준

남진이 나훈아보다 좋다는 이야기를 이제 어디서 누구한테 해야 할지 모르겠고 나는 오래된 유원지로 갑니다 유원지 강변에는 하나는 자신 있는데 두 개는 정말 모르겠어 하며 고개를 기울이고 라면 물을 맞추는 여자가 있을지도 모르겠습니다

냄비 옆에는 우리의 걸음 안으로 떨어진 해가 있고 그 옆에는 애호박이며 깻잎들이 잡히지도 않은 피라미나 모래무지를 기다리고 그러면 나는 어느 낡은 대문 같던, 여자의 앞니 사이로 흘러나오는 바람소리들을 듣다가 어두워지는 강 건너를 궁금해할지도요

낮게 자란 뚝새풀 사이에는 물새 발자국 몇 개도 찍혀 있겠습니다 기색도 없이 웃음을 터트리던 여자나 우리가 함께 보낸 여름 같은 것들은, 새의 걸음을 따라다 갑자기 거세진 강물에 놀라 날아올랐겠고요 나는 강변에 텐트를 치고 누가 문을 열어젖힐까 걱정하면서 젖은 몸을 안고 저녁잠에 들고 싶었습니다

파도 소리를 들으며 자고 싶어서 무작정 안면도로 간 일이 있습니다. 백중사리 때였어요. 저녁이 되자 물이 밀려들더군요. 개개의 사정 같은 건 봐주지 않는 전면적인 밀물이랄까요. 그러더니 밤바다 위로 달을 향해 하얀 길이 생기더군요. 하마터면 그 길을 따라 저도 달로 갈 뻔했습니다.(제가 코미디언은 아니지만.) 그건 그렇고 어딜 간다고 하면 뭘 꼼꼼하게 준비하는 성격이 아니에요. 그냥 텐트 들고 나와서 바다를 향해서 바로 출발. 변덕이 심해서 조금만 미적거려도 마음이 바뀐다는 걸 스스로 잘 아니까. 그런데 야영장에 가서 보니까 요즘 사람들은 부엌을 통째로 들고 다닙디다. 심지어는 거실용 텐트 안에 침실용 텐트를 따로 칩디다. 바다를 바라보며, 대충 읍내 김밥천국에서 사온 천 원짜리 김밥으로 저녁을 때우며 함께 간 딸에게 "좋지 않느냐?"라고 물었더니만 울상이 된 딸이 자기도 바비큐 먹고 싶다고 하더군요. 바비큐 맛없다, 김밥이 정말 맛있다고 해도 믿지 않더군요. 나라도 못 믿겠습니다만, 해변에서는 김밥도 너무 맛있다는 것만은 사실입니다.

보이는 것을 바라는 것은 희망이 아니므로*

마종기

경상도 하회 마을을 방문하러 강둑을 건너고
강진의 초당에서는 고운 물살 안주 삼아 한잔 한다는
친구의 편지에 몇 해 동안 입맛만 다시다가
보이는 것을 바라는 것은 희망이 아니므로,
향기 진한 이탈리아 들꽃을 눈에서 지우고
해 뜨고 해 지는 광활한 고원의 비밀도 지우고
돌침대에서 일어나 길 떠나는 작은 성인의 발.
보이는 것을 바라는 것은 희망이 아니므로,
피붙이 같은 새들과 이승의 인연을 오래 나누고
성도 이름도 포기해버린 야산을 다독거린 후
신들린 듯 엇싸엇싸 몸의 모든 문을 열어버린다.
머리 위로는 여러 개의 하늘이 모여 손을 잡는다.
보이는 것을 바라는 것은 희망이 아니므로,
보이지 않는 나라의 숨, 들리지 않는 목소리의 말,
먼 곳 어렵게 헤치고 온 아늑한 시간 속을 가면서.

*신약, 「로마서」 8 : 24

우리의 소망이 이뤄질 확률은 반반이라고 말해도 될까요? 될 일은 아무렇게나 해도 되고, 안 될 일은 어떻게 하든 안 됐으니까. 아무렇게나 해도 되는 일과 어떻게 하든 안 되는 일은 낮과 밤처럼 다르죠. 우리의 희망은 아마 낮과 밤의 그 사이에서 찾아볼 수 있는 노을 같은 것이라고 해도 좋겠네요. 노을만큼이나 희망은 아름답죠. 그건 우리 의지로 꾸는 꿈 같은 것. 돼지꿈을 꾸겠다고 마음먹고 잠들던 어린 시절처럼 말이에요. 그렇다고 돼지꿈을 꾼 적은 한 번도 없었듯이 희망 역시 번번이 이뤄지지 못하고 밤의 어둠과 같은 절망이 찾아왔다고 생각해요. 그렇다고 하더라도 매일 낮과 밤이 바뀔 무렵이면 어김없이 보이는 노을 같은 것, 그게 바로 희망이라고 생각해요. 수천 번의 절망을 각오하는 마음. 그 정도 절망을 겪고 나면 혹시 그런 게 보일까요? 여러 개의 하늘이 모여 손을 잡는 풍경 같은 거.

묵상

장영수

천주교 수위 시절
밤중에 수녀관 담에서
나를 부르던 찬모 아줌마
그 뜨거운 옥수수빵 한 조각에
나는 이 세상 사랑을 배웠으니

일일이 열거해 무엇하리오
사랑의 원천은 그렇게 나를
부르는 소리 같은 것이라
여기는 나를 바보 같다고
못난이들이 히죽거릴 때에도
나는 그런 분들을
흉내 내고자 하였습니다

일 때문에 누군가를 만났다가 헤어지는데, "내일 새벽에 유성우가 떨어지니 꼭 보세요"라고 말하더군요. 새벽 다섯 시에 밤하늘의 사자자리 쪽을 바라보라는 다른 사람의 문자메시지도 왔어요. 알람을 맞춰놓고 잠들었지요. 새벽 다섯 시에 중요한 약속이라도 있는 사람처럼. 하지만 알람 소리를 듣지도 않았는데, 거짓말처럼 다섯 시 정각에 눈을 떴답니다. 옷을 단단히 차려입고 털모자에 장갑까지 끼고 나갔더니 구름이 없는, 그믐의 맑은 밤이어서 별빛이 시릴 정도로 하얗게 반짝이더군요. 보석처럼 뿌려진 별빛들을 올려다보는 새벽이라니, 이미 유성을 본 것 같은 그런 마음을 아시려나. 그렇게 저렇게 서 있는데, 갑자기 유성이 휙 떨어졌어요. 이미 유성을 본 것 같은 그 마음이 화들짝 놀라더군요. 아, 그건 무척 중요한 약속이었구나. 그런 생각이 들었습니다. 내가 지켜보지 않았다면 그 유성은 상당히 실망했을 거예요. 바보같은 소리라고 말하는 분이 계시다면, 이 시를 읽어드리겠어요. 사랑의 원천은 새벽에도 깨어서 유성을 기다리는 눈동자 같은 것이라고.

아홉 가지 기분*

이은규

열에서 하나를 덜거나
여덟에 하나를 더한 수
아홉, 수

만약 불리한 아홉 가지의 매력과
한 가지 유리한 재앙이 있다면
무엇을 덜거나
무엇을 더해야 할까,
죽음이 여기서의 끝이고
저기로의 이동이라면
닿아 있는 시간과
닿아야 할 곳의 時差를 환산할 수 있을까

時差를 두고 사라진 음악가들
아홉 편의 교향곡을 작곡한
첫 작품에 0번을 매겼어도 소용없었다는
아홉, 수

다가오는 절기를 열면
나무에 아홉 프랙탈의 눈송이
눈송이에 아홉 소울 파트의 호흡
호흡에 아홉 뭉치의 안개
안개에 아홉 마리의 새
새에게 아홉 채도의 깃털
깃털에게 아홉 지명의 바람
바람에게 아홉 가지 기분

그리고 한 點,

*Nastyona의 앨범 '아홉 가지 기분'

지난해의 일입니다. 깊은 밤에 전화가 걸려 왔습니다. 아는 기자였습니다. 어느 코미디언의 죽음이 코앞까지 다가왔다는 소식을 전하면서 그의 죽음에 대해서 어떻게 생각하느냐고 제게 물었습니다. 부음 기사를 미리 쓰려는 것이었지요. 그 말을 듣고 나는 그의 죽음에 대해서 어떻게 생각할 것인가를 생각했습니다. 제게 지난해는 아홉수의 해였나 봅니다. 저는 죽음에 대해서는 한 번도 제대로 생각하지 못한 채, 죽음에 대해서 제대로 생각하는 일에 대해서만 생각했습니다. 사랑을 사랑하고, 흉내를 흉내 내고, 절망을 절망하는 것처럼, 사람들의 죽음 앞에서 그저 생각을 생각했을 뿐입니다. 한 번도 죽음에 대해서 생각한 적은 없었습니다. 그저 생각을 생각하는 동안, 한 해가 빨리 지나가기만을 바랐습니다. 이제 십이월이 되었고, 시베리아에서 오는 북서풍은 차갑고, 이제야 간신히 죽은 사람들에 대해서 생각할 수 있게 됐습니다.

마음의 달

천양희

가시나무 울타리에 달빛 한 채 걸려 있습니다
마음이 또 생각 끝에 저뭅니다
망초(忘草) 꽃까지 다 피어나
들판 한쪽이 기울 것 같은 보름밤입니다
달빛이 너무 환해서
나는 그만 어둠을 내려놓았습니다
둥글게 살지 못한 사람들이
달보고 자꾸 절을 합니다
바라보는 것이 바라는 만큼이나 간절합니다
무엇엔가 찔려본 사람들은 알 것입니다
달도 때로 빛이 꺾인다는 것을
한 달도 반 꺾이면 보름이듯이
꺾어지는 것은 무릎이 아니라 마음입니다
마음을 들고 달빛 아래 섰습니다
들숨 속으로 들어온 달이
마음속에 떴습니다
달빛이 가시나무 울타리를 넘어설 무렵
마음은 벌써 보름달입니다

유월에는 거의 하루도 빠지지 않고 달리기를 했습니다. 한 달 동안 220킬로미터 정도를 달렸나 봐요. 그러던 어느 날 아침, 침대에서 발을 딛고 일어서는데 발바닥이 갈라지는 것처럼 아프더군요. 족저근막염인 모양이었습니다. 이런 일이 없었는데, 역시 불혹인가 봐요. 그래서 재활훈련에 들어간 축구선수처럼 설렁설렁 뛰었습니다. 그렇게 저렇게 여름 내내 달리기를 했습니다. 올여름은 꼭 온몸으로 뚫고 지나온 것 같아요. 폭염이 찾아오기 전까지는 이상하다는 생각이 들 정도로 선선했지요. 바람이 늘 남아 있던 여름이었습니다. 하지만 칠월 말부터 팔월 초까지 열흘 정도는 마치 수중발레를 하는 듯한 느낌이었죠. 땀을 흘리며 허우적허우적. 그런데 팔월도 중순으로 접어드니 다시 바람이 많아지네요. 여름이 찾아오기 전에 불던 바람과 달리 이번엔 건조한 바람. 완전 새 바람. 하반기의 바람. 그래서 여름도 반이 꺾였다는 걸 알겠더군요. 마음은 벌써 가을입니다.

겨우

장석주

어둠은 깊다. 목이 마르다.
별들의 공전(公轉)이나 높새바람의 사생활을 들여다보는
내가 자꾸 목이 마른 것은
나무들의 생태(生態)와 닮은 몸-사람이기 때문이다.
지표면의 물들 태반은 지하로 숨고
겨우 몸 안으로 들어온 물들이 순환하는 동안
나무들의 잎눈에서는 잔근심과 후회들이
연초록으로 돋아난다.
비바람 따라 마실 나온 어린 천둥들이 우는 밤에는
잎들도 처절했다.
강제로 뜯겨 내동댕이쳐지는
그런 밤의 참혹에 증오의 미학도 깨치지 못한
어린 것들이 굳게 대처하곤 했다.
조경선이 내려와 늦가을 무렵 연못은 완성되고
나는 위로를 받는다.
연못은 얕은 물로 단풍잎들을 받고
서리가 내렸다. 서리에 시드는 풀들,
노모의 잠꼬대 소리가 높아지는

동지 새벽에 깨어난 나는 겨우
은버들 한 쌍 같은 네 관자놀이와 쇄골을 더듬는다.
목이 마르고
목이 마른 밤들이 가고
네 마음 언저리에도 닿지 않는
네 푸른 정맥과 손목의 가냘픔을 사랑했음을 깨닫는다.
고요가 깊으면 그 고요 속에 숨결을 묻고
죽어도 좋다고 생각한다.
태어나지 마라, 태중의 아이들아.
겨우, 라는 부사로써만 발설될 수 있는
사랑이 있다면 그 사랑으로 무구한 개와 고양이들만
태어나라, 겨우, 살아 있으니까,
겨우, 사랑을 견딜 수 있을 뿐이니까.

우리 뇌가 늘 부정적으로 생각하게 만들어졌다는 건 최근 뇌를 연구하는 학자들의 결론이라죠. 맹수의 공격을 받지는 않을까 늘 주위를 살피고, 악천후가 계속되면 먹을 걸 구하지 못할까 봐 초조해 하는 등 조상들에게 걱정과 고민이 끊이지 않았기 때문에 우리가 지금 여기에 살 수 있다는 것이죠. 그렇다면 다들 겨우, 간신히, 가까스로 살았던 사람들의 자손이라는 뜻이겠네요. 그러니 무슨 일이 생기면 그게 혹시 나쁜 징조가 아닐까 걱정하게 되는 건 자연스러운 일입니다. 전전반측, 엎치락뒤치락 잠들지 못하고 지새우는 밤이 많다면, 그건 우리가 진화의 우등생이라는 증거니까 나쁘다고만 볼 수는 없어요. 대신에 생각의 보정은 필요하죠. 예컨대 겨우, 간신히, 가까스로 산다 하더라도 매년 팔월이면 어김없이 눈부신 하얀 꽃을 피우는 옥잠화를 들여다보는 일 같은 것.

1991년, 이사

박희수

1

짐을 싸는 어머니의 손길 너머로 언 먼지들의 초겨울이 조금씩 숨을 내쉬었다. 구름이 죽는 곳에서 엷어지는 풍경은 작은 잔금들을 식은 유자차 위에 띄운다. 어디 갈 데가 없으려구요. 정류장에서 정류장으로, 다시 역으로 이어지는 실선은 공책 위에 핏기 없는 흰 별자리를 남겼다. 창문들의 무심한 시선에 트인 손등을 감추려고 소년은 자꾸 낡은 스웨터의 소매 끝을 손가락 마디가 오는 데까지 끌어내린다. 눈에 어두운 원이 쏟아진다. 창공에 비행기가 긋는 평화로운 선(線).

2

찬 강물은
하늘을 떠돌고
이마 끝에
서리를 맺고

새들이 죽는 겨울
낙엽이
마른 길을 깃털처럼 품어주었다

분식점에서 혼자 밥을 먹는데, 옆에 앉은 여자들이 이런저런 얘기를 하더군요. 그러다가 한 여자가 "나는 누가 여름이 좋아, 겨울이 좋아? 그렇게 물으면 다 싫어, 라고 대답해"라고 말하더군요. 하긴 요즘에는 겨울이나 여름이나 무슨 뒤끝이 이렇게 길고 대단한지 모르겠습니다. 저 역시 정말 겨울도 싫고 여름도 싫어요, 라고 말하려다가도 또 이런 생각도 들어요. 왔다가 가는 게 계절이 아니라 우리라고 치자면, 그러니까 우리가 여행자여서 여름의 나라로 여행한 것이라고 치자면, 아무리 무덥더라도 그건 한 번쯤 경험해볼 만한 무더위가 아닐까요? 그러다가 비행기를 타고 겨울의 나라로 입국한다면, 멋모르고 얇은 옷 입고 밖에 나갔다가 벌벌 떨었던 일은 좋은 추억으로 남겠죠. 1년에 네 번은 그렇게 여행하는 셈이에요. 환절기에는 공항으로 가는 리무진버스에 앉은 심정으로 주위를 둘러보도록 하죠. 언제 다시 올지 알 수 없는 마음으로. 더위든 추위든 애틋하지 않은 게 없을 겁니다.

청바지를 입어야 할 것

이근화

나의 기분이 나를 밀어낸다
생각하는 기계처럼
다리를 허리를 쭉쭉 늘려본다
이해할 수 없는 세계에서
화초가 말라 죽는다
뼈 있는 말처럼 손가락처럼

일정한 방향을 가리킨다
죽으면 죽은 기분이 남을 것이다
아직 우리는 웃고 말하고 기분을 낸다
먹다가 자다가 불쑥 일어나는 감정이
어둠 속에서 별 의미 없이 전달되어서
우리는 바쁘게 우리를 밀어낸다

나의 기분은 등 뒤에서 잔다
나의 기분은 머리카락에 감긴다
소리 내어 읽으면 정말 알 것 같다
청바지를 입는 것은 기분이 좋다

얼마간 뻑뻑하고 더러워도 모르겠고
마구 파래지는 것 같다
감정적으로 구겨지지만
나는 그것이 내 기분과 같아서
청바지를 입어야 할 것

내성적인 사람들은 검은색 옷을 잘 입는다죠. 그들의 검은색은 '나를 충분히 알지 못하는 사람이라면 말을 걸지 말아주세요'라는 뜻일 겁니다. 검은색 옷을 입는 사람들이라면 색깔별로 그런 옷말이 있으면 하고 바랄 거예요. 붉은 옷. 옷말은 '오늘은 모르는 사람과도 즐겁게 대화할 수 있습니다.' 푸른 옷. '제가 좀 이상한 행동을 하더라도 그냥 지켜봐주세요.' 초록색 옷. '몸은 회사에 있어도 마음은 지금 휴가 중.' 갈색 옷. '저녁에 술 사준다는 사람, 지위고하를 막론하고 대환영.' 우중충하고, 유행이 지났으며, 어울리지도 않는 옷. '모처럼 빨래를 돌렸습니다.'

사곶 해안

박정대

고독이 이렇게 부드럽고 견고할 수 있다니
이곳은 마치 바다의 문지방 같다
주름진 치마를 펄럭이며 떠나간 여자를
기다리던 내 고독의 문턱
아무리 걸어도 닿을 수 없었던 生의 밑바닥
그곳에서 橫行하던 밀물과 썰물의 시간들
내가 안으로, 안으로만 삼키던 울음을
끝내 갈매기들이 얻어가곤 했지
모든 걸 떠나보낸 마음이 이렇게 부드럽고 견고할 수 있다니
이렇게 넓은 황량함이 내 고독의 터전이었다니
이곳은 마치 한 생애를 다해 걸어가야 할
광대한 고독 같다, 누군가 바람 속에서
촛불을 들고 걸어가던 막막한 생애 같다
그대여, 사는 일이 자갈돌 같아서 자글거릴 땐
백령도 사곶 해안에 가볼 일이다
그곳엔 그대 무거운 한 생애도 절대 빠져들지 않는
견고한 고독의 해안이 펼쳐져 있나니
아름다운 것들은 차라리 견고한 것

사랑이 썰물처럼 빠져나간 뒤에도
그 뒤에 남는 건 오히려 부드럽고도 견고한 生
백령도, 백년 동안의 고독도
규조토 해안 이곳에선
흰 날개를 달고 초저녁별들 속으로 이륙하리니
이곳에서 그대는 그대 마음의 문지방을 넘어서는
또 다른 生의 긴 활주로 하나 갖게 되리라

몇 년 전, 지중해 근처에서 혼자 지낸 적이 있습니다. 이유는 묻지 마세요. 저도 왜 그랬는지 모르니까. 어쨌거나 하루는 하도 심심해서 도로를 따라서 서쪽으로 걸어간 적이 있습니다. 해변으로 난 길이었어요. 말하자면 제 오른쪽은 지중해였다는. 거기가 스페인이었으니까 계속 걸어가면 프랑스가 나오겠더군요. 그래서 프랑스까지 갔느냐면, 당연히 못 갔죠. 프랑스가 무슨 옆 동네 이름은 아니잖아요. 한 시간쯤 걸어갔더니 보이는 풍경이 다 똑같더라구요. 지루해서 그냥 그 근처 해변에 가서 파도를 보면서 앉아 있었습니다. 스페인 파도를 본 일이 있으신지 모르겠습니다. 밀려왔다가 밀려갔다가. 한국 파도랑 똑같습니다. 세계 어디를 가나 다 똑같습니다. 영원, 그것은 태양과 섞인 바다. 랭보가 그런 시를 썼다지요. 파도도 꼭 그런 것입니다. 영원을 보여주려고 하루 종일 밀려왔다가 밀려갔다가. 그게 한국 파도든 스페인 파도든. 파도를 바라보면서 그 생각을 하니 고독이라는 말로도 다 할 수 없는 막막한 감정이 밀려오더군요. 지구가 생긴 이래 지금까지 누가 보거나 말거나 한 번도 쉬지 않고 파도를 보낸 바다에 비하면, 나 혼자 하루 정도 지중해 주위를 왔다 갔다 하는 건 정말 별일 아닌 것 같아서.

멸치의 아이러니

진은영

멸치가 싫다
그것은 작고 비리고 시시하게 반짝인다

시를 쓰면서
멸치가 더 싫어졌다
안 먹겠다
절대 안 먹겠다

고집을 꺾으려고
어머니는 도시락 가득 고추장멸치볶음을 싸주셨다
그것은 밥과 몇 개의 유순한 계란말이 사이에 칸으로 막혀 있었지만
뚜껑을 열어보면 항상 흩어져 있다

시인의 순결한 양식
그 흰 쌀밥에서 나는 숭고한 몸짓으로 붉은 멸치를 하나하나 골라내곤 했었다
시민의 순결한 양식

그 붉은 쌀밥에서 나는 결연한 젓가락질로 하얘진 멸치를 골라
내곤 했다

  대학에 입학하자 나는 거룩하고 순수한 음식에 대해
밥상머리에서 몇 달간 떠들기 시작했다
  문학과 정치, 영혼과 노동, 해방에 대하여, 뛰어넘을 수 없는 반
찬칸과 같은 생물들에 대하여
  잠자코 듣고만 계시던 어머니 결국 한 말씀 하셨습니다
  "멸치도 안 먹는 년이 무슨 노동해방이냐"

  그 말이 듣기 싫어 나는 멸치를 먹었다
  멸치가 싫다, 기분상으로, 구조적으로
  그것은 작고 비리고 문득, 반짝이지만 결코 폼 잡을 수 없는 것

  왜 멸치는 숭고한 맛이 아닌가
  왜 멸치볶음은 죽어서도 살아 있는가
  이론상으로는, 가닿을 수 없다는 반찬칸을 뛰어넘어 언제나 내
밥알을 물들이는가

왜 흔들리면서 뒤섞이는가

총체적으로 폼을 잡을 수 없다는 것
그 머나먼 폼
왜 이토록 숭고한 생선인가, 숭고한 젓가락질의 미학을 넘어서 숭고한가
멸치여, 그대여, 아예 도시락뚜껑을 넘어 흩어져준다면,
밥알과 함께 쏟아져만 준다면
그 신비의 알리바이로 나는 영원토록 굶을 수 있었겠네

두 눈 속에 갇힌 사시의 맑은 눈빛으로
다른 쪽의 눈동자를 그립게 흘겨보는 고독한 천사처럼

전 어릴 때부터 열무를 싫어했어요. 그 질긴 질감이며, 쓰라린 맛이며. 그걸 음식이라고 먹다니 불쌍하기 짝이 없었죠. 그래서 딸아이가 태어나기 전부터 이름을 열무라고 지어야겠다고 생각했습니다. 내게 아이가 생긴다면 그토록 싫어하는 열무도 얼마든지 먹을 수 있어. 뭐, 그런 심사로 일 년 정도 살았어요. 과연 아이가 태어나고 아버지가 되니까 애 앞에서 티를 안 내려고 음식을 가리고 어쩌고 하지는 않게 되더라구요. 반찬으로 열무가 나와도 그게 인상을 찌푸리거나 한 번도 먹지 않거나, 그러지 않아요. 그냥 씹어 먹습니다. 어려울 것 없지요. 씹어 먹으면 되는 것이니까. 하지만 여전히 맛은 없습니다. 열무를 무슨 맛으로 먹는지. 우린 웬만하면 훌륭한 사람이 될 수 있겠는데, 꼭 입맛 같은 시시한 것들이 우리 발목을 잡지요. 멸치 안 먹는 년은 노동운동도 할 수 없나요, 라고 항변해봐야 역시 폼이 안 납니다. 폼이.

교행(交行)

류인서

조치원이나 대전역사 지나친 어디쯤
상하행 밤열차가 교행하는 순간
네 눈동자에 침전돼 있던 고요의 밑면을 훑고 가는
서느런 날개바람 같은 것
아직 태어나지 않은 어느 세계의 새벽과
네가 놓쳐버린 풍경들이 마른 그림자로 찍혀 있는
두 줄의 필름
흐린 잔상들을 재빨리 빛의 얼굴로 바꿔 읽는
네 눈 속 깊은 어둠

실선의 선로 사이를 높이 흐르는
가상의 선로가 따로 있어
보이지 않는 무한의 표면을
끝내 인화되지 못한 빛이 젖은 날개로 스쳐가고 있다

피아니스트 글렌 굴드의 말을 그대로 옮깁니다. "당신의 평범한 날은 1,440분이고, 이것은 다시 86,400초로 구성된다. 한 달을 평균 30일로 잡을 때 이것은 2,592,000초이고, 다시 한 해란 30일이 열두 번 반복된다고 보면 이것은 31,104,000초다. 이제 내 36세 생일이 다가오고 있으니 실은 나는 단지 1,088,640,000초를 산 셈이다." 매 순간 우리가 선택할 수 있는 것은 둘 중 하나입니다. 무엇을 하거나 하지 않거나. 그렇다면 한 해 동안 우리가 뭔가를 할 수 있는 기회는 모두 31,104,000번. 다른 누군가 때문에, 혹은 상황 때문에 이렇게 사는 것이라고 말하지 맙시다. 하느님을 원망하지도 말고요. 기회는 충분했으므로. 지금도 우리는 충분히 다르게 살 수 있으므로. 우리가 원한다면.

달의 공장

이기인

공장 밖으로 심부름을 나온 달빛
심부름을 나온 바람,
심부름을 나온 소녀가 슈퍼에서 쪼글쪼글한 귤을 한 봉지 산다
슈퍼 주인 할아버지가 자기 방식으로 귤을 센다
늘어진 전깃줄에서 나온 백열등이 귤을 또 센다
초코파이가 들어와 부풀어오른 비닐봉투 배가 불룩하다
'이게 모두 얼마예요' 그래서 '이게 모두 다 얼마예요'
'이게 모두 얼마예요'와 '이게 모두 다 얼마예요'라는
말을 들은 귤과 초코파이의 몸이 욱신욱신 속이 상해서 비닐봉투에 들어 있다
자정이 넘어서 귤을 벗기고 있는 소녀와 소녀를 벗기고 있는 기계소리가 아프다
'오늘밤이 지나면 얼마를 줄 거예요?'
귤을 벗긴 이의 손톱은 달을 파먹은 것처럼 노랗게 물이 들었다
무심한 달빛이 공장 지붕을 아프게 지나간다

막내로 태어났더니 심부름은 다 제 몫이더라구요. 그중에서도 제가 제일 많이 한 심부름을 꼽으라면 두부를 사 오는 일이랄까. 요즘에는 잘라서 파는 두부라도 비닐봉지에 넣어서 주지만, 제가 어릴 때는 신문지를 잘라서 그 위에 올려줬지요. 신문지가 무슨 방수가 될 리는 없으니까 곧 축축해지죠. 지금 생각하면 잉크가 묻어나왔을 신문지에 들고 가느니 그냥 맨손으로 들고 가는 게 낫겠다 싶은데, 혹시 그 옛날 어린 시절로 돌아가보면 내 손은 까마귀 손만큼이나 더러울지도 모르겠습니다. 그렇게 두부를 들고 열심히 아침의 골목을 달렸지요. 두부를 산 것으로 치자면, 남에게 뒤지지 않을 겁니다. 그렇게 열심히 심부름을 다닌 까닭은 제가 두부를 좋아했기 때문이지요. 김치찌개에 들어가는 두부를 정말 사랑했어요. 지금도 두부는 제가 가장 좋아하는 음식입니다. 그러고 보니 아침에 두부를 사 오는 일을 심부름이라고 생각한 적은 많지 않군요. 누가 시키는 일을 하는 게 심부름이라면 말이죠.

그렇지만 우리는 언젠가 모두 천사였을 거야

정한아

우리는 때로 사람이 아냐
시각을 모르고 위도와 경도를 모르고
입을 맞추고 눈꺼풀을 핥고 우주선처럼 도킹하고 어깨를 깨물고
피를 흘리고 그 피를 얼굴에 바르고 입에서 모래와 독충을 쏟고 서로의 심장을 꺼내어
소매 끝에 대롱대롱 달고

이전의 것은 전혀 사랑이 아냐
아니, 모든 사랑은 언제나 처음
하루와 천 년을 헛갈리며 천국과 지옥 사이 달랑달랑 매달린
재투성이 심장은 여러 번 굴렀지

우리 심장은 생명나무와 잡종 교배한 슈퍼 선악과
질문의 수액은 여지없이 떨어져 자꾸만 바닥을 녹여 가령,
우리는 몇 시입니까?
우리는 어디입니까?
우리는 부끄럽습니까?

외로워 죽거나 지겨워 죽거나
지금 에덴에는 뱀과 하느님뿐
그 외 나머지인 우리는

입을 맞추고 눈꺼풀을 핥고 우주선처럼 도킹하고 어깨를 깨물고
피를 흘리고 그 피를 얼굴에 바르고 입에서 모래와 독충을 쏟고
서로의 심장을 꺼내어
소매 끝에 대롱대롱 달고

재투성이 심장으로 탁구라도 치면서 위대한 죄나 지을 수밖에
뱀마저 자기도 모르게 하느님과 연애한다는데

그 많던 탁구장들은 다 어디로 갔는지 몰라요. 대학교 1학년 시절, 학교 근처의 탁구장에서 탁구대회가 열린 적이 있습니다. 참가비를 내고 대진표에 따라 시합을 해서 과 탁구왕을 뽑는 대회였지요. 탁구라면 좀 친다고 생각했었는데, 1회전에서 그만 탈락했습니다. 그 다음부터는 다른 사람들의 경기를 구경할밖에요. 탁구장에서 다른 사람들의 경기를 구경한 적이 있는지 모르겠습니다. 요새는 탁구장이 없으니까 그런 경험도 없겠네요. 제가 설명해드리죠. 이쪽에서 저쪽으로 공이 왔다가 갔다가, 그러다가 누군가 치지 못하면 점수가 납니다. 그 다음에도 또 이쪽에서 저쪽으로 공이 왔다가 갔다가…… 그냥 말로 설명하자니 정말 지루하군요. 아무튼 이쪽에서 저쪽으로 공이 왔다가 갔다가 하는 것인데, 하염없이 그걸 바라보던 게 엊그제의 일 같은데, 이제 탁구장들은 모두 사라지고 그때의 선후배들도 다시 못 만나네요. 우리는 언젠가 모두 천사였던 것 같은데, 그걸 증명하자니 정말 가물가물하다니까요.

지구의 속도

김지녀

천공(天空)이 아치처럼 휘어지고 있다
빽빽한 어둠 속에서
땅과 바람과 물과 불의 별자리가 조금씩 움직이면
새들의 기낭(氣囊)은 깊어진다

거대한 중력을 끌며 날아가 시간의 날카로운 부리를 땅에 박고 영원한 날개를 접는 저 새들처럼,
 우리가 더 이상 살아갈 수 없는 일들에 대해 생각할 때
 교신이 끊긴 위성처럼 궤도를 이탈할 때

우리는 지구의 밤을 횡단해
잠시 머물게 된 이불 속에서 기침을 하고
다정한 눈빛을 보내지만, 묵음의 이야기만이 눈동자를 맴돌다 흘러나온다
문득 창문에 비친 얼굴을 바라보며
서로의 어깻죽지에 머리를 묻고 잠들고 싶어도

근육과 뼈가 쇠약해진 우주인과 같이

둥둥 떠다니며 우리는 두통을 앓고

밥을 먹고 함께 보았던 노을과 희미하게 사라지는 두 손을 가방에 구겨 넣고는 곧 이 밤의 터널을 지날 것이다

어딘가로 날아갈 수밖에 없는 새들의 영혼처럼

누구도 알아채지 못하는 지구의 속도처럼

조용히 멀미를 앓으며

저마다의 속도로 식어가는 별빛이 될 것이다

매미들에게는 처서가 지구 종말의 날이겠네요. 광복절이 지나고 나니, 공원을 달릴 때마다 떨어져 죽은 매미들 밟을까 봐 여간 신경 쓰이는 게 아닙니다. 이미 죽은 매미들을 밟는 게 뭐가 어때서? 그렇게 말씀하실 분들도 있을 것 같은데, 길에 떨어진 매미들 보면 그런 말 못할 겁니다. 꼭 죽은 척하는 것처럼 나무에 매달려 있을 때와 다를 바가 없거든요. 귀청을 찢어놓을 듯 시끄럽던 그 울음만 빼고 모든 게 그대로군요. 그런 게 바로 끊어질 絶, 노래할 唱, 절창인가요? 여름아, 너만 가지, 매미는 왜 데려가니? 옛날 유행가를 흉내 내어 그런 노래를 부릅니다. 매미들 동백꽃잎처럼 후드득 떨어지는 처서 무렵. 그래도 지구는 돈다고 말하던 갈릴레이가 떠오르는, 여전히 무더운, 하지만 여름의 마지막 나날들입니다.

Edges of illusion (part VII)

정재학

바다에 가라앉은 기타,
갈치 한 마리 현에 다가가
은빛 비늘을 벗겨 내며 연주를 시작한다

소리 없는 꿈…
아무것도 들리지 않았지만 부끄러워져
당분간 손톱을 많이 키우기로 마음먹는다
백 개의 손톱을 기르고 날카롭게 다듬어
아무 연장도 필요 없게 할 것이다
분산(奔散)된 필름들을 손끝으로 찍어 모아
겹겹의 기억들 사이에서
맹독성 도마뱀들이 헤엄쳐 나오도록 할 것이다
달의 발바닥이 보일 때까지
바다의 땅바닥이 드러날 때까지
나도 나의 사정거리 안에 있다

네가 고양이처럼 예쁜 얼굴을 하고 딸꾹질을 하고 있는 동안
나는 보라색을 뚝뚝 흘리고 있었다

생선이 되어 너의 입속에 들어가고 싶었다
아무 미동도 없이,
고요하게

어른이 되고 싶었다

초등학생들은 다 알고 있는 사실이지요. 모르는 것에 대해서 말하는 유일한 방법은 입을 다무는 것이라는 것. 그렇다면 시간이 흐르면 흐를수록 세상이 점점 시끄러워지는 건 모르는 것이 점점 사라지기 때문일까요? 어쩐지 믿기지 않는군요. 예컨대 벚꽃과 코스모스는 왜 평생 서로 얼굴을 마주볼 수 없는 사이가 됐는지 저는 아직 모르겠습니다. 파란색 눈이나 빨간색 눈은 왜 찾아볼 수 없는지 그것도 궁금하구요. 나무의 얼굴은 어디쯤에 있는지, 그래서 좋아하는 나무를 만나면 어디를 바라보면서 좋아한다고 말해야만 하는지 그것도 알 수 없어요. 이따금 사람들 틈에서 제가 입을 다물고 앉아 있을 때가 있습니다. 부디 뭔가 걱정하거나 그 자리가 불편해서 입을 다문 것이라고 생각하지 마세요. 모르는 일들에 대해 말하고 있다고 생각하세요. 곧 아는 것들에 대해서도 말할 테니까.

가을이라고 하자

민구

그는 성벽을 뛰어넘어 공주의
복사꽃 치마를 벗긴 전공으로
계곡타임즈 1면에 대서특필됐다
도화국 왕은 그녀를 밖으로 내쫓고
문을 내걸었다 지나가던 삼신할미가
밭에 고추를 매달아놓으니
저 복숭아는 그럼 누구의 아이냐?
옥수수들이 수군대는 거였다

어제는 감나무 은행이 털렸다
목격자인 도랑의 증언에 의하면
어제까지는 기억이 났는데 원래,
기억이란 게 하루 사이에 흘러가기도 하는 거
아니냐며, 조사 나온 잠자리에게 도리어
씩씩대는 거였다

룸살롱의 장미가 봤다고 하고
꼿꼿하게 고개 든 벼를 노려봤다던,

대장간의 도끼가 당장 겨눠보고 싶다는,
이 사내는 지금 어디에 있을까
버스 오기 전에

몽타주를 그려야 하는데

지난 시월, 달리기 대회에 참가했습니다. 비가 오면 어쩌나 걱정이 많았는데 역시 너무나 화창한 가을 날씨. 처음부터 끝까지 단 한 번도 지치지 않고 신나게 결승점을 통과했습니다. 혼자서 뛰고 혼자서 칭찬하는, 참으로 자립적인 가을 오후였다고나 할까. 하지만 너무 많은 사람들이 일시에 몰렸기 때문인지 맡긴 짐을 찾으려고 한 시간 넘게 줄지어 서 있었습니다. 날이 따뜻했으니 망정이지, 추웠으면 어쩔 뻔했어. 짜증이 나려던 순간, 어쨌거나 춥진 않은 거잖아, 그런 생각이 들더군요. 일어나지 않은 일로 화를 내면 좀 민망할 테니까 남이 볼세라 얼른 고개를 돌려 노을이나 바라봤어요. 서울 강변의 노을은 아름답더군요. 그렇게 자고 일어났더니 기온이 뚝 떨어졌어요. 그게 2010년 마지막 가을이었나 봅니다. 몽타주도 그리지 못했는데, 벌써 도망치고 없네요. 그래도 짜증 안 내길 정말 잘했어요. 이렇게 빨리 갈 줄 그땐 몰랐으니까.

걱정하지 마 걱정하지 마

최승자

태어나는 것도 아니고 죽는 것도 아니어서
우연히 연기처럼 모였다 흩어지는 걸까

오늘도 北海의 물고기 하나
커다란 새 한 마리로 솟구쳐 오르고

걱정하지 마 걱정하지 마
속살 속살 눈 내리는 밤
멀리서 침묵하고 있는 대상이
이미 우리 가운데 그윽히 스며 있다

새벽에 길을 걷는데 갑자기 주변이 어떤 소리로 가득해졌어요. 환청 같은 소리들. 작은 알갱이들이 일제히 떨어지는 소리들. 살펴보니 그건 일기예보에서 들은 대로 말하자면, '첫눈다운 첫눈'이 아스팔트로 떨어지는 소리였어요. 영상 15도일 때, 소리는 시속 1200킬로미터의 속도로 날아간다더군요. '첫눈다운 첫눈'이 떨어지는 소리는 내 곁에 있다고 치고, 그럼 지난여름에 들었던 빗소리는 지금쯤 어디까지 날아갔을까요? 달까지? 혹은 화성 정도? 그렇다면 그 시절, 우리의 웃음소리들은 또 어디까지 날아갔을까요? 그 한숨소리는 또 어디까지?

생강나무

문성해

생강나무꽃은 꼭 산수유꽃처럼 생겼다
무슨 긴한 것을 나누듯
작고 노란 꽃잎들이 에둘러 앉은 모양새가 꼭 같다

생강나무가 산수유가 아님은 나뭇가지를 분질러보면 안다
부러진 부위에서 싸하게 번지는 생강 내음
가지를 분지르면 노란 애기똥이 묻어나오는 애기똥풀이란 꽃도 있다

이 고요한 식물의 세계에도
얼굴 하나만 가지고 제 이름값을 하는 연예인 같은 꽃들이 있는가 하면
제 가지를 부러뜨려야만 저를 드러낼 수 있는 자해공갈단 같은 꽃들이 있다

꽃 보려고 아침에 일찍 깨는 재미가 쏠쏠합니다. 일어나면 근처 산 아래 공원으로 나갑니다. 일찍 일어나는 새 틈에 끼지 못하면 견딜 수가 없다는 듯이 새들은 다 깨어서 난리법석이죠. 꽃들도 지지 않고 야단입니다. 먼저 핀 놈들, 이제 막 피는 놈들, 아직 덜 핀 놈들. 이게 다 뭡니까? 한민족 고유의, 말하자면 냄비 근성입니까? 그렇다면 오월 새벽, 산 아래 공원의 냄비 근성은 권장할 만하군요. 연예인 같은 꽃들과 자해공갈단 같은 꽃들 사이에서, 좀 어색한 듯, 익숙한 듯, 안달이 난 채로 선 제 마음도 단숨에 달아오르네요.

새의 부족

손택수

새들의 노래로 지도를 만드는 부족이 있었다지
새들의 방언에 따라 국경선과 도계를 긋고 살았다는
사라진 부족의 이야기를 어디에서 들었더라
아마도 새들은 모든 뻣뻣한 경계선을 수시로 넘나들었을 거야
수백 킬로쯤 끌고 온 국경선을 강물에 풍덩 빠뜨리고
산정에서 끝난 도계를
노을 지는 지평선까지 끌고 가 잇기도 했을 테지
그런 선들이 악보가 아니라면 무엇일까
끝없이 출렁이는, 새로 그려지는
풍경들은 아마 음표를 닮아 있었겠지
악보를 읽는 일이 지도를 보는 일과 같았을 때
그들의 귓속으론 별자리가 흘러들었을 거야
어느 부족의 방울새는 도라지멍울이나 개암열매가 터지듯이 울고
어느 부족의 방울새는 나뭇잎에 빗방울 부딪는 소리를 내며 울다가
수면 위로 막 뛰어오른 물고기 비늘이
햇빛과 부딪칠 때의 순간처럼 반짝였겠지
노래의 장단과 고저를 따라 해발이 시작되고

강의 시원과 하구를 측량하던 그때
측량할 수 없음을 측량하던 그때

저 부신 부리 끝 좀 봐, 나침반처럼
사라진 지도의 한쪽을 콕 찍으며 날아가는

『세계의 철새 어떻게 이동하는가?』라는 책에 철새들의 놀라운 여행에 대한 이야기가 나옵니다. 몸무게가 1kg밖에 되지 않는 황무지말똥가리는 캐나다 서스캐처원에서 아르헨티나 남부까지 날아간다네요. 몸무게가 30g인 지느러미발좀도요는 캐나다 툰드라 지대에서 남아메리카 북부까지, 몸무게가 불과 5g인 붉은멱벌새는 미국 뉴햄프셔 숲 속에서 코스타리카까지 날아가고요. 철새들이 자기 몸으로 긋는 이 세계의 경계란 이처럼 넓다고 해야 할지, 좁다고 해야 할지. 그렇다면 몸무게가 60kg이 넘는 나는 이 지구의 어디에서 어디까지 갈 수 있다는 건지. 갑자기 이러고 있을 때가 아니라는 생각이 드네요.

3

저무는 저녁에는 꽃 보러

달과 돌

이성미

돌이 식는다
밤의 숲 속을 헤매다 주운
창틀 위에 올려놓은

돌이 식는다
어두운 방에서 빛나던 돌
가만히 보면 내 눈썹까지 환해지던

그 둥근 빛 아래서
나의 어둠을 용서했고
침묵은 말랑말랑한 공을 굴렸다

들고양이가 베고 잤을까
고양이의 꿈을 비누방울로 떠오르게 하던
돌이 식는다

자줏빛 비가 내리고
벼락의 도끼날이

숲의 나무들을 베어버리는 동안

돌 위에 얹고 있는
내 손이 식는다

반달의
나머지 검은 반쪽이
궁금해졌다

경기에 진 선수들이 그라운드에 누워 눈물을 흘리는 모습을 텔레비전으로 보고 난 다음 날 아침, 비는 내리고 집 앞의 뜰은 젖었습니다. 돌멩이처럼 단단한 것들, 혹은 진흙처럼 말랑말랑한 것들, 며칠 햇살에 달궈진 모래알처럼 뜨거운 것들, 말하자면 젊은 사람들이 눈물을 흘린 그 다음 날 아침에도 꾸는 꿈 같은 것들. 식어가는 모든 것들은 절정의 뜨거움을 지나온 것들이겠죠. 한여름을 지나온 단풍들은 모두 붉어지는 것처럼. 식어가는 것들의 밤, 어둠의 한때, 가을, 서늘함…… 그리고 바로 거기가 다시 뜨거움을 향한 갈망이 시작되는 곳입니다. 미지未知를 끌어안으세요. 두려움 없이. 거기서 모든 일들이 다시 시작될 테니.

겨울, 점점 여리게

박연준

창문 밑에 매달린 고드름 사이로,
흐린 하늘에 목매달아 죽은 가오리연을 본다
하늘을 휘젓는 연의 시체는 부드럽다
까만 바람, 겨울은 낙타를 타고 걷는다

이따금, 방바닥에 흩어진
겨울의 부러진 발톱을 몰래 줍는다
주워들고는 죽은 구상나무 뿌리에 기우뚱 심어놓는다
구상나무는 아무것도 모르고 순하게 죽어 있다
뿌리에서 또 다른 슬픔이 자라는 줄도 모르고
죽은 몸과 자라나는 슬픔 사이의 여백이 차갑다

애인은 겨울을 건너, 봄으로 갔다

내 발가락 사이사이 틈
꼬아진 다리 사이
멀리 돌아온 입술과 입술의 포개짐에도
서글픈 여백이 맺히고,

갈변한 사과를 반으로 쪼개면
속살은 여전히, 잊혀진 듯 희다.

십일월은 두 개의 계절이 나란히 서 있는 달인가 봐요. 두꺼운 패딩 점퍼를 입고 다녔더니 이마에 땀이 맺히더군요. "그건 좀 더 추워진 다음에 입어야죠"라는 충고를 들었습니다. 환절기의 충고랄까. 점퍼를 옷장에 다시 넣고 며칠을 보냈습니다. 더 추워진 뒤에 다시 그 점퍼를 입었더니 비로소 따뜻하다는 느낌. 따뜻함이 무엇인지 아는 일로부터 겨울이 시작된다고 말해도 좋을까요? 하지만 지금이 겨울이라면 마땅히 이 나라의 나뭇잎들은 모두 떨어져야만 할 텐데……. 아직도 잎이 붉은 나무가 우리 동네에도 수십 그루. 그 붉은 잎들은 봄으로 떠나버린 애인이 쓴 오래전의 편지라고 해야만 하나? 십일월이란 가을은 다 지나갔는데도 미처 겨울은 오지 않은 듯한, 그런 이상한 달인가 봐요. 사과 하나를 다 먹지 못하고 그만 내려놓을 때의, 뭐, 그런 느낌.

내 머리카락에 잠든 물결

김경주

한 번은 쓰다듬고
한 번은 쓸려 간다

검은 모래 해변에 쓸려 온 흰 고래

내가 지닌 가장 아름다운 지갑엔 고래의 향유가 흘러 있고 내가 지닌 가장 오래된 표정은 아무도 없는 해변의 녹슨 철봉에 거꾸로 매달려 씹어 먹던 사과의 맛

방 안에 누워 그대가 내 머리칼들을 쓸어내려주면 손가락 사이로 파도 소리가 난다 나는 그대의 손바닥에 가라앉는 고래의 표정, 숨 쉬는 법을 처음 배우는 머리카락들, 해변에 누워 있는데 내가 지닌 가장 쓸쓸한 지갑에서 부드러운 고래 두 마리 흘러나온다 감은 눈이 감은 눈으로 와 서로의 눈을 비빈다 서로의 해안을 열고 들어가 물거품을 일으킨다

어떤 적요는
누군가의 음모마저도 사랑하고 싶다

그 깊은 음모에도 내 입술은 닿아 있어
이번 생은 머리칼을 지갑에 나누어 가지지만
마중 나가는 일에는
질식하지 않기로

해변으로 떠내려온 물색의 별자리가 휘고 있다

해마다 크리스마스가 가까워지면 일본 규슈 남단 이즈미에서는 중학생들이 모여서 시월부터 시베리아에서 날아온 흑두루미의 개체 수를 헤아리는 행사를 벌입니다. 이즈미는 세계 흑두루미의 90퍼센트가 월동하는 곳이라 크리스마스에는 1만 마리의 흑두루미들로 북새통을 이루죠. 그 흑두루미들 중 일부는 한반도를 거쳐 가기도 합니다. 대개 구미의 해평습지나 천수만 등지죠. 하지만 최근에는 개발의 여파로 습지가 점점 줄어들어 이즈미로 직행하는 흑두루미들이 많다네요. 그렇다면 습지에서 철새의 개체 수를 확인하는 한국 중학생은 그야말로 멸종 위기에 처했군요. 안 그래도 그즈음에는 학원에서 선행학습하느라 그런 중학생은 거의 멸종됐다니, 더욱 안타깝군요.

네 얼굴은 불빛 아래

하재연

불빛이 타는 거리를 지나 세 사람의 광장을 지나 벌과 꿀의 언덕을 넘으면 푸른 잿빛 거리 지나 초록 기찻길을 지나 붉은 강물의 길로 들어서면 여름 봄 겨울이 가고 깨어진 노란 머리 여자애들이 유리병을 창문 밖으로 던지며 깔깔거리고 나는 온통 젖어 불빛에 타고 가을이 지나가고 내가 가진 모든 동전들이 없어지고 회전목마의 말들이 뚜벅뚜벅 꿈속으로 들어서듯이 네 얼굴은 불빛 아래 돌고

가로등 아래 트럼펫을 부는 사내 까만 점을 빛내며 웃고 가끔 너는 행복하다 말하고 가끔 너는 슬프다 말하고 네 얼굴은 불빛 아래 아무도 몰라보게 허옇게 분칠을 하고 혁명의 거리를 지나 하나뿐인 길을 건너 삐걱거리는 침대의 보도를 밟으면 내 발자국은 반복되는 마지막 소절 주제를 잊고 느리게 흘러가는 기이한 간주

네 손가락에 차갑게 얼어 있는 네 손마디에 기록되지 않는 귀청을 뚫고 지나가는 나는 싸구려 선술집의 주크박스에서 삼만 년째 돌고 있는 차가운 맥주 거품처럼 꺼져가는 너의 목소리는 네 머릿속에서만 흘러나오고 너의 목소리는 지상의 만 분의 일 초도 흉내 내지 못하고 북극에서 차를 몰고 달려온 사내의 병 속에서 투명하고

아름다운 알약들이 꽃처럼 피어나고 흩어지고 죽음 같은 음도 고
요한 칼날도 지각하지 못하는 네 손가락이 만지는 허공에

지금은 모두 없어진 그 골목들을 생각하면, 그 골목의 크고 작은 술집에서 우리가 떠들어댄 많은 말들은 이제 어디에서 머무를까 궁금해집니다. 그 골목에서 한때는 대학생이었고, 한때는 직장인이었으며, 또 한때는 사라진 말들처럼 정처 없던 신인작가였죠. 번개가 칠 때마다 보이는 얼굴처럼 가끔은 상심을 감추지 못하고 커피숍 창가에 앉아 있기도 했지만, 이따금 더 나은 인간이 되려고 노력했으며, 대개는 밤이 아름다운 건 누군가와 함께 있기 때문이라고 생각했습니다. 지금은 그 골목도 모두 없어지고, 다정하고 유쾌한 밤들도 지나가고, 다시 처음처럼. 아무런 일도 없었다는 듯이, 인간은 여러 번 살 수 있다는 듯이, 다시 처음처럼.

모든 밤

박용하

삶과 함께 자란 내 모든 눈물과
그 눈물이 기억하고 있던 육체와
그 육체가 팔짱 끼던 8월의 바람과
함께 펄럭이던 내 모든 죽음은 정답다

동해와 함께 자란 내 모든 파도와
그 파도가 추억하고 있던 모래알과
그 모래알에 누워 받던 9월의 별빛과
함께 뒤척이던 내 모든 밤은 뜨겁다

늦더위가 기승을 부릴 것이라던 구월은, 돌아보니 서늘했네요. 본지보다 더 두꺼운 부록처럼 비가 많이 내렸네요. 이럴 때 이따금 기상청에 있다는 슈퍼컴퓨터를 생각합니다. 국가기상슈퍼컴퓨터센터에 있는 슈퍼컴퓨터 3호기에는 중앙처리장치가 9만 개 정도가 있어서 계산 능력이 682.9테라플롭스, 즉 1초에 682조 9000억 회의 계산을 할 수 있다고 하네요. 5억 5천 3백만 명이 1년 동안 계산해야 할 양이랍니다. 그럼에도 슈퍼컴퓨터의 예보가 할머니의 예측보다 못할 때가 있지요. 1초에 682조 9000억 회나 계산해야만 하는 슈퍼컴퓨터의 노고를 상상해봅니다. 그리고 또 할머니의 삶을 생각합니다. 슈퍼컴퓨터를 능가한다니, 할머니는 얼마나 고단한 삶을 산 것일까요. 모든 밤이 뜨거울 리는 없겠지만, 한 사람이 살아온 모든 밤은 뜨겁게 기억되어야만 할 겁니다.

손톱달

이태수

땅거미 내려 해 지고도 그 한참 뒤
어떤 소녀가 저리 튕겨 올려놓았을까
밤하늘의 저 예쁜 손톱 조각 하나

잎새 내밀고 있는 나무 사이로 바라보면
칠흑 치마폭에 잘 깎아 던져놓은 듯한,
그 언저리엔 흩어져 앉아 조는 별들

술 기나해진 미당*이 소녀 손 만지작
만지작 침이 마르도록 예쁘다던
바로 그 긴 손톱 끝 부분 같은,

새치름하게, 그보다는 새콤달콤
마음 흔드는 까닭까지 알게 해주는,
꽃들 아릿아릿한 봄밤의 저 조각달

*시인 서정주의 호

국문과 동아리 학생들의 부탁으로 강연을 한 적이 있어요. 선생님들은 하나도 없고 오직 학생들뿐이어서 참 좋더군요. 자기들끼리 돈을 모아서 강연료를 마련했더군요. 한 푼 두 푼 잘 모아서 요긴한 데 쓰겠습니다, 같은 생각은 전혀 들지 않더군요. 술값을 낼 생각으로 뒤풀이까지 갔습니다. 역시 선생님들은 하나도 없는, 학교 앞 주점의 뒤풀이 자리였습니다. 오랜만에 그런 술집에서 파전에 막걸리를 마셨더니 대학생 시절이 생각나더군요. 제일 구석에 예비역들 앉아서 농담하는 걸 보니, 그 학생들이 선배들 같기도 하고. 스무 살 무렵에 잘하던, 도토리 키재기 같은 거. 오랜만에 그런 것도 해봤습니다. 너 몇 살이니? 빠른 일공이랍니다. 그게 뭔 소리야? 그랬더니 92년생이라나 뭐라나. 뭐? 뭐라고? 자꾸 되물었는데, 그게 귀가 잘 안 들려서 그랬던 게 아니에요. 어쩐지 요새 대학생들은 다 예쁘더라니. 초승달만큼이나 예쁘더라니.

공허의 근육

김재훈

삼월에 고백했는데 지금은 구월, 서사도 없이 시간은 흘러서
이름 붙이지 못한 구름들이 이리저리 흩어진다

수년간 방치된 흉가가 드디어 무너졌을 때는 장마가 지나고
매미 울고 뜨거운 여름도 지난 뒤라고

어쩌다 마른 잎사귀를 밟았지만 다시 보면 죽은 매미였다
무너진 집은 무너지기 위해 얼마나 오래 허공을 뒤틀었을까

그늘과 함께 주저앉아버리는 모든 통증의 끔찍함에 대하여 잠시,
나는 생맥주를 마시고 입술에 묻은 거품을 닦는다

정말 그래 매미라는 풍선, 잔뜩 부풀어오른 여고생들은
한꺼번에 울어버리고 울어버린 만큼 떡볶이를 먹지

몸 아픈 구름들이 이빨을 떠는 저녁 지상의 모든 그림자가
치통처럼 부풀어오른다 피가 고인 입술에 입맞춰주겠니

저기 풍선이 하나 날아간다 울음이 울음 속에 스미듯이
허공으로 작고 빨간 허공 하나가 아랫입술을 물고

얼마 전에 한 모임에서 덕담을 들었어요. 요즘에는 제 나이에 0.7을 곱하면 옛날 사람들 나이와 같아진다고 하더라구요. 그만큼 사람들이 젊어졌다고요. 얼른 계산해보니까 그럼 저는 예전으로 치자면 올해 28세. 아무리 생각해도 그 말씀 딱 맞는 것 같아 혼자 고개를 끄덕끄덕 움직였습니다. 어제는 지하철을 타고 집으로 돌아오는데, 우르르 몰려와 자리를 차지한 아주머니들, 여고생들처럼 재잘재잘 떠들면서 하시는 말씀. 구월이 됐는데, 이제 장마가 시작됐다고 보면 된다고. 여름이 두 번 지나가나 보네요. 이렇게 세월이 미적미적 흐른다면야 얼마나 좋을까요? 아, 빨리 어른이 됐으면, 그런 생각 하면서 달력 바라본다면. 호호호. 그건 그렇고 0.7을 곱하라는 말씀 들려주신 박완서 선생님은 한 0.3을 곱하면 얼추 비슷하시려나.

별이 뜰 때

이기철

나는 별이 뜨는 풍경을 삼천 번은 넘게 바라보았다

그런데도 별이 무슨 말을 국수처럼 입에 물고 이 세상 뒤란으로 살금살금 걸어오는지를 말한 적이 없다

별이 뜨기 전에 저녁쌀을 안쳐놓고 상추 뜯으러 나간 누이에 대해 나는 쓴 일이 없다

상추 뜯어 소쿠리에 담아 돌아오는 누이의 발목에 벌레들의 울음이 거미줄처럼 감기는 것을 말한 일이 없다

딸랑딸랑 방울을 흔들며 따라오던 강아지가 옆집 강아지를 만나 어디론가 놀러 가버린 그 고요함을 말한 일이 없다

바삐 갈아 넘긴 머슴의 쟁기에 찢겨 아직도 아파하는 산그늘에 대해,

어서 가야 하는데, 노오란 새끼들이 기다리고 있는데 아직 벌레를 잡지 못해 가슴을 할딱이는 딱새가 제 부리로 가슴 털을 파고 있는 이른 저녁을 말한 일이 없다

곧 서성이던 풀밭들은 침묵할 것이고 나뭇잎들은 다소곳해질 것이다

부엌에는 접시들이 달그락거리며 입 닫은 딱새의 말을 대신 해 줄 것이다

별이 뜨면 사방이 어두워져 그때 막내 별이 숟가락을 입에 문 채 문간으로 나올 거라는 내 생각은 틀림없을 것이다

별이 뜨면 너무 오래 써 너덜너덜해진 천 원짜리 지폐 같은 반달이 느리게 느리게 남쪽 산 위로 돋을 것이라는 내 생각은 틀림없을 것이다

별이 뜨면 벌들과 딱정벌레들이 둥치에서 안 떨어지려고 있는 힘을 다해 나무를 거머쥐고 있는 것을 어둠 속에서 볼 수 있을 것이다

별이 뜨면 귀뚜라미가 찢긴 쌀 포대에서 쌀 쏟아지는 소리로 운다고 터무니없는 말을 나는 한 마디만 더 붙이려고 한다

이것들이 다 별이 뜰 때, 별이 뜨면 생기는 일들이다

외국을 돌아다니다 보면 불현듯 과거 속으로 들어간 듯한 기분이 들어서 깜짝 놀랄 때가 있어요. 언젠가 필리핀의 마닐라 뒷골목을 지나가는데 제가 대여섯 살 무렵의 어느 여름밤, 우리 동네로 되돌아간 것 같은 느낌이 들더라구요. 포르투갈의 리스본 거리를 걸어가다가 우연히 들여다본 제과점 속의 모습은 어린 시절 우리 집 뉴욕제과점과 거의 비슷했어요. 언젠가 연해주에서 차를 타고 가다가 올려다본 밤하늘은 일곱 살 때의 밤하늘 그대로였구요. 그런 식으로 이 지구 어딘가에, 아니 어쩌면 이 우주 어딘가에 제가 살아온 삶이 그대로 저장된 것은 아닐까요? 별이 뜨는 것을 볼 때마다 세상은 조금씩 바뀌었지만, 그럼에도 모든 게 가뭇없이 사라진 것만은 아니지 않을까요? 그래서 지구란 이토록 크고, 우주란 상상할 수 없을 정도로 광활한 게 아닐까요? 인류의 기억 전부를 보존하기 위해서.

봄비의 저녁

박주택

저 저무는 저녁을 보라
머뭇거림도 없이 제가 부르는 노래를 마음에
풀어놓고 구름처럼 피어오르는 봄비에
얼굴을 닦는다, 저 저무는 저녁 밖에는
돌아가는 새들로 문들이 덜컹거리고
시간도 빛날 수 있다는 것에 비들도 자지러지게
운다, 모든 약이 처방에 불과할 때
우리 저무는 저녁에는 꽃 보러 가자
마음의 목책 안에 고요에 뿌리를 두고
한눈 파는 문들 지나 그림자 지나
혼자 있는 강 보러 가자
제 몸을 출렁거리며 흘러가는 시간은
물을 맑히며 정원으로 간다
구름이 있고, 비가 있고 흰말처럼
저녁이 있다 보라, 일찍이 나의 것이었던
수많은 것들은 떠나간 마음만큼
돌아오는 마음들에 불멸을 빼앗기고
배후가 어둠인 저녁은 제 몸에
노래의 봄비를 세운다

도무지 이해되지 않는 건, 왜 한 해의 시작이 겨울의 한복판에 있느냐는 점이죠. 전날까지 불던 바람과 오늘 부는 바람이 전혀 다를 바 없이 추운 그런 나날의 하나가 도대체 왜 새해의 첫날이 되어야만 할까요? 개나리와 진달래와 목련꽃이 만개하는 날을 새해의 첫날로 삼으면 좋을 텐데요. 꽃 피기 전날 밤이라면 한 해를 결산하는 연기대상도 뽑고, 다들 종로에 모여 보신각 종소리도 듣고, 그런 식으로 지난겨울, 지난 한 해의 일들을 말끔하게 정리하는 게 어울리지 않겠어요? 그리고 푹 자고 일어나면 온 동네에 봄꽃이 활짝 피어 있는 거죠. 그날부터 새로운 한 해가 시작되는 겁니다. 뉴스에서는 그날부터 따뜻하고 향기로운 새해가 시작됐다고 보도하겠죠. 희망에 가득 차서. 마치 새로운 세상의 시작을 알리는 것처럼. 멋지잖아요. 하룻밤 사이에 인생이 바뀌는, 뭐, 그런 경험을 매년 할 수 있다면 우리도 꽤 괜찮은 사람이 될 수 있을 텐데요. 그러니 새해 첫날을 봄꽃들 만개하는 날로 바꿨으면 좋겠어요.

리옹驛에서

김영태

밀라노에서 프랑스 리옹驛까지 밤 기차를 타고 오는 동안 金春洙 시집 『서서 잠자는 숲』 보라색 장정이 낯설다 저번 시집에 笑納이라고 친필로 써주셨는데 癸酉 四月 大餘 한자 획이 정갈하다 공업도시 리옹은 다리 아래 배들이 멈춰 있다 1834년 보들레르가 여기서 편지를 썼을 때 茶紅色 꽃들이 한데서 떨고 있었다 리옹 오페라 발레단의 「닫혀진 정원」은 6人舞, 말뚝 박힌 흙 위에서 남자가 마을 처녀에게 구혼한다 두 연인들만 남겨놓고 텅 빈 무대에 저녁 구름이 금방 내려앉을 듯

남아공 드라켄즈버그 산맥을 바라보는 벌판에 있는 호스텔에 간 적이 있습니다. 산맥 너머로 해가 지는데, 하늘 높은 곳에는 달이 떠 있더군요. 너무나 아름다운 풍경이어서 30분 동안 누워서 하늘만 바라봤습니다. 저녁이 되어 식당에서 책을 읽는데, 머리가 희끗희끗한 네덜란드 노인이 누구의 책을 읽느냐고 묻더군요. 앙드레 지드의 『지상의 양식』이었습니다. 여행을 떠나면서 책꽂이를 훑어보다가 아무 생각 없이 뽑아 온 책이었어요. 여행지에서 그 책을 읽었더니 꼭 스무 살 청년이 된 듯한 기분이더라구요. 앙드레 지드라고 대답했더니 노인은 오른손을 귀에 대고 또 묻더라구요. "누구?" 앙드레 지드. 완전 굴욕이군요. 그래도 못 알아듣는 것 같아서 프랑스 소설가라고 내가 덧붙였습니다. 그러자 노인이 "아하"라며 알아듣더군요. "기드." 노인이 말했습니다. "그 사람은 죽었지." 그 말을 듣는데 그 사실을 그때 처음 듣는 것처럼 놀랍더라구요. 그 책 안에서는 무척 젊은 사람으로 나오는데, 앙드레 지드가 죽었다네요. 그러고 보니 우린 죽음을 기억하는 게 아니라 삶을 더 강렬하게 기억하는 모양이군요. 잘 죽기 전에 일단 잘 살아볼 필요가 있어요.

공원의 두이

이제니

어디로 가든 마찬가지라면 굳이 떠날 필요가 있을까. 공원은 자란다. 무럭무럭 자란다. 공원 밖은 공원, 공원 밖은 공원, 공원 밖은 공원. 언제부터 우린 이곳에 갇혀 있었던 걸까. 너무 넓어 갇힌 줄도 모르겠구나.

눈을 감으면 슬픈 노래처럼 두이의 목소리가 어른거린다. 두이, 내 검은 망막의 스크린 위에서 뛰노는 진회색의 작은 털뭉치, 오래전 잃어버린 갈색의 책, 열리지도 닫히지도 않는 어두운 다락방. 떠나기 전 두이는 소심하게 몇 번 공중제비를 돌았다. 두 귀를 날개처럼 펄럭이면서. 마지막이라는 신호로. 나는 작고 진실하고 잘 우는 것들에만 귀가 열린다. 우린 너무 가까워 들리지 않는 귓속말 같구나.

비밀의 서랍 같은 얼굴로, 라일락이 돋아난 얼굴로, 공원 벤치에 앉아 있었다. 두이의 벤치에서 두이가 바라봤던 풍경들을 바라보면서. 인생이란 결국 두 개의 의자 사이를 왔다갔다 하는 일. 이 의자에서 저 의자로, 저 의자에서 이 의자로. 네 목소리 위에 내 목소리를, 내 목소리 위에 네 목소리를 덧입혀보는 일.

이제 남은 일은 말하지 못한 말들을 삼키거나 뜻 없는 문장들의 뜻 없는 의미를 뒤늦게 알아차리는 일뿐. 공원의 이 끝에서 저 끝까지 하염없이 걸으면서. 울적하고 피로한 제자리걸음으로. 공원 밖은 공원, 공원 밖은 공원, 공원 밖은 공원. 무럭무럭 지상의 공원들이 자라나는 밤. 닿을 수 없는 그 모든 것을 두이라고 부르기로 했다.

인생은 놀이공원이야, 해볼 건 다 해보고 나가야지 본전을 건지는 거야. 우리는 자유이용권을 끊고 들어온 거예요. 그렇다면 그게 아무리 무서운 놀이기구라도, 또 아무리 오래 기다려야만 탈 수 있는 것이라도 다 타보고 나가는 게 좋겠어요. 막상 타보면 당장 토할 것처럼 어지럽기도 하고, 이제는 집에 가서 쉬고 싶을 만큼 지치기도 하겠지만, 아직 날이 저물려면 멀었고 놀이공원 안에는 안 타본 것들이 너무 많아요. 아마 집에 가면 푹 쉴 수 있을 겁니다. 그러니 놀이공원 안에 있는 동안에는 잘 놀다가 갑시다. 무려 자유이용권을 가졌다고 치자구요. 그게 너무 부담스럽다면, 빅 파이브로 바꿔드릴게요. 사는 동안 다섯 가지 정도 소원은 꼭 이루도록 합시다.

어떤 여름 저녁에

김경미

한여름, 선풍기에서 나오는 약풍 혹은 미풍이란 글자
처음 사랑의 편지 받았던 촉감일 때 있다

크게 속상하고 지친 울음 거두고 마악 여는 문
경첩에서 흰 바다갈매기들 바닷물 닿을 듯 낮게
마중 나올 때 있다

극도로 줄이거나 높인 음악소리 속
가본 기억 없는 모로코 사막의 터번 두른 낙타
눈 아픈 모래바람 앞서 가려줄 때 있다

유리창 너머 시원한 액자 속 흰 양떼구름들
살아 움직이는 활동사진처럼
갈래머리 계집아이의 어린 설레임 되감아줄 때 있다

어떤 여름 저녁,
그 모든 것들 한꺼번에 밀려 나와
더위보다 큰 녹색 수박의 무수한 조각배들

잊을 수 없는

석양의 출항을 시작할 때가 있다.

연남동 근처의 골목길을 걸어가다가 '면사무소'라는 이름의 식당을 발견했어요. 갑자기 읍내에 나온 시골 청년이 된 듯한, 그런 느낌을 아시려나? 우린 좀 놀아봐야겠습니다, 뭐 그런 각오가 엿보이는 표정으로 그 식당에 들어갔습니다. 창밖으로 차가운 바람이 지나가는 밤, 페인트를 칠한 나무탁자 위에는 초겨울의 정물처럼, 다소곳하게 놓인 잡채계란말이와 서울장수막걸리. 나 역시 거기 다소곳하게 앉아서 친구를 기다렸지요. 한참 앉아 있으려니까 이 친구, 창가에 혼자 앉은 나를 보지 못하고 그냥 지나쳐 가더군요. 제목이 '면사무소'라면 한 번쯤 창 안을 들여다봐야만 할 거 아니야? 내가 그 친구에게 말했습니다. 거긴 국숫집이잖아요. 그 친구가 항변하듯이 말했습니다. 아하……. 그제야 나는 그 집이 국수를 파는 집이라는 걸 알았어요. 그래서 이름이 면사무소라는 걸. 암튼 그렇다니까요. 자리에 앉아서 술 마신 뒤에야 술집 이름의 뜻을 알게 되는 밤도 있다니까요. 어쩐지 다소곳해지지 않을 수 없네요.

하루

송재학

여름 누비구름 한 주비,

장항리사지 석탑 기단부에 기대어 마음껏 잠들다 기지개 펴던 짐승 따위라 생각했다만

누비구름 펼치니 하늘가 식구들의 하루치 생활이라네

토록 새끼가 혓바닥 쑥 내밀어 한 줌 백설기 공기를 혀로 맛보니 온통 콩켸팥켸

느리 아비가 냅름 낚아채어 제 입속이 먼저 불룩하니 근처 각다귀구름이 푸릉푸릉

화초머리 어미가 부자지간을 타잡느라 풀치마를 들썩거리니 팔느락팔느락

이번 여름도 지독히 덥겠구나

시집 못 간 딸을 조참조참 따라다닐 새 누비구름 一家는 한껏 부풀어

곧 소나기 채비를 차려야겠다

지난여름, 독서를 좋아하는 시각장애인분들과 함께 양평군 서종면 황순원문학관에 놀러 갔습니다. 제 책을 안 읽고 와도 상관없는데, 다들 책을 읽고 와서 깊이 있는 질문을 하는 통에 제가 좀 고생을 했지요. 아무튼 서로 재미있게 떠들고 나서 기념사진을 찍으려고 뜰로 나갔다가 그만 소나기 세례를 맞아 온몸이 다 젖었습니다. 여름 날씨, 참 알 수가 없군, 이라고 생각했는데 그게 아니라 「소나기」의 문학적 빗줄기를 다들 한번 경험해보라고 문학관에서 설치한 분수였더군요. 덕분에 잠시나마 소나기 정도는 아랑곳하지 않고 빗속을 달려가는 소년 시절로 돌아간 듯한 느낌이었습니다. 갑자기 소나기 내린다고 괴로워하지 마시고, 내리면 내리는 대로 한번 맞아보는 것도 나쁘지 않을 거예요. 양평군 서종면에 가면 일부러 그런 빗줄기 만들어서 맞기도 한다는 걸 기억하면서 말입니다. 소나기는 대개 금방 멎더라구요.

이 지구가 우주의 도시락이라면

김소연

긴 손가락으로 애써 박아 넣은 보름달이 내려앉아요
이 지구가 우주의 난간이라면
나는 지금 펄럭이는 하얀 빨래의 위치에 서 있죠
정이 들도록 오래 머물지 않고
빨래를 걷어 쉽게 떠날 수 있다니 한참이나 기쁘죠

토요일엔 지도를 펴 보겠어요 내가 어디에 있는지 확인한 후엔
꼭 필요한 것만 배낭에 넣고서 다른 생으로 넘어가야죠
이 지구가 우주의 간장 종지라면 오늘은 저 별들을 찍어 먹을래요
이 지구가 우주의 눈물 한 방울이라면 오늘은 우산을 쓰고 초원
으로 가야죠
표범을 타고 날뛰며 새로 산 초록 머플러를 휘날려야죠

아—

입을 벌린 먹장구름이 지구별 세척을 마치고 가는 새벽
 주인집 아주머니가 가마니 속 젖은 콩들을 테라스에 쏟아놓고
말려보며

별 하나에 콩 하나와 콩 하나에 추억 하나를 세어봅니다

토요일엔 아주머니
식구처럼 키워온 양들을 팔러 시장에 나가보세요
제일 어린 양 한 마리는 남겨두세요
그날 저녁은 새끼 양고기 바베큐로 파티를 열어주세요
보름달처럼 환하게 웃으며 늑대처럼 씩씩하게 뜯어 먹게요

일요일엔
치즈를 말리러 지붕에 올라가겠죠
이 지구가 우주의 도시락이라면 치즈 한 덩이는 지도에 싸서
배낭에 넣고 떠날래요

내가 지구 같은 별이라면 언제나 반짝이는 별이기를 바랄 뿐이에요. 별들에게는 그런 건 소원 축에도 들지 않겠죠? 어느 밤, 자기 운명에 회의를 느껴 잠시 빛을 꺼두는 별이 있을 리 만무할 테니까요. 바람은 불어오는 동안에만 바람일 수 있는 거지, 양지 바른 곳에서 쉬는 바람을 본 적은 없어요. 그처럼 어디 가서 소설가라고 스스로 나를 소개한다면, 그건 내가 지금도 소설을 쓰고 있는 사람이라는 얘기를 하는 거죠. 당연한 소리 좀 그만하라구요? 그런데 그 당연한 소리가 얼마나 살 떨리는 말인지 몰라요. 내가 꽃이라면 피었다가 질 때까지가 나의 전부라는 소리. 마찬가지로 내가 소설가라면 소설을 쓰기 시작해서 소설을 끝낼 때까지가 나의 전부라는 소리 아니겠어요? 그러니 얼마나 무시무시해요. 소설가라고 말하는 거. 나는 그렇다고 치고, 그럼 당신은 누구인가요? 소개 좀 해보세요. 난 우주의 도시락, 뭐 그런 말씀 말고.

내 나이 백이십 살

곽은영

비행기가 밤하늘을 건너가고 있었다
저건 홋카이도로 가는 비행기예요
당신은 순수하게 말했다
다정하고 시원한 여름밤이었다

나는 중얼거렸다
고통이 얼굴을 까맣게 만들어놓아도
또 고무줄처럼 주욱 늘어나는 숨줄
멀쩡한 머리만 있고 손에 미친 가위가 없다면
어디나 지옥이지

우리들의 머리 위에 아름다운 별들의 지도
당신은 지옥을 빠져나와 영영 일곱 살을 얻었는데 나는 지옥을 나오면서 뒤를 돌아보았다
그래서 순식간에 나이를 먹는다

별들 사이로 두 번째 비행기가 지나갔다
당신은 탄성을 질렀다

맑고 잔잔한 바람이 그 사이를 지나갔다
이제 나는 백이십 살, 세상에 놀랄 일이 없어졌어
그래서 모든 게 싱싱하고 예뻐 보여

선물을 기다리는 아이 같은 당신이 있고
풀벌레가 하루치의 마지막 이야기를 조곤조곤
나는 당신의 어깨에 기댄 채 앉아 있었다
객실이 다 찼어요 붉은 등을 걸어놓은 것 같은 오늘밤의 별을 보며

자기 몫의 등을 켜고 묵묵히 서 있는 집들의 깊고 등 시린 침묵
그러나 우리는 등을 켜고 영원히 떠돌려고 한다
건너가고 건너옴이 존재 이유인 비행기처럼

한없는 허공에서 잠시 쉬었다 가는 짧은 여름밤이었다

이제 내년이면 서른 살이에요. 어떻게 하면 좋을까요? 강연 같은 데 가면 그런 질문을 하시는 분들이 있어요. 뭘 어떻게 합니까? 젊었을 때, 하고 싶은 일 원하는 대로 하면 되지요. 그러면 꼭 서른 살이라니까요, 그런 표정이지요. 나이가 들 만큼 들었다는 거지요. 그렇군요. 음, 록펠러대학의 세포생물학자이자 노벨상 수상자인 귄터 블로벨은 이런 말을 했습니다. "생명의 연속성이라는 점에서 보면 스무 살이라느니, 서른 살이라느니, 마흔 살이라느니 하는 말들은 모두 잘못된 겁니다. 우리들의 나이는 35억 살입니다." 또 다른 과학자인 스탠리 밀러는 자연적으로 아미노산이 생명체로 바뀌는 데 걸리는 시간을 이렇게 추측하더군요. "10년은 너무 짧을 테니 100년이라고 합시다. 그러나 1만 년이나 10만 년도 괜찮을 것 같군요." 시간이라는 게 뭔가요? 나이라는 것은 또 뭐구요? 10만 년 정도 산다면 살 만큼 살았다고 말할 수 있나요? 지금, 35억 살 앞에서?

마지막 가을

정진규

여름을 여름답게 들끓게 하지도 못하고 서둘러 가을이 왔다 모든 귀뚜라미들의 기인 더듬이가 밤새도록 짚은 울음으로도 울음으로도 다 가닿지 못한 어디가 따로이 있다는 게냐 사랑이 멍든 자죽도 없이 맞이하는 가을의 맨살에 오소소 소름이 돋는다 이른 새벽길 아직도 떠나지 못하고 있는 바닷가 민박집 여자의 아침상도 오늘로 접어야 하리 늘 비가 내렸다 햇살들의 손톱 사이에 낀 푸른곰팡이들이 아직도 축축하다 부끄럽다 이 손으로 따뜻한 네 손을 잡겠다 할 수는 없구나 딸이 늦은 시집을 간다는 편지를 객지에서 받는다 노동의 지전을 센다 마지막 그물을 거두었다 이러는 게 아니지 너무 오래 혼자 있는 가을에 익숙해졌다 서둘러 돌아가야 하리 왜 이토록 서성거리는 게냐 슬픔이 떠난 자리는 늘 불안했다 낡은 입성으로 오는 마지막 가을

"귀뚜라미 울음소리에 가슴 깊이 파고드는데"라고 시작하는 노래가 있었죠. 제목은 〈슬픈 계절에 만나요〉. 하지만 가을이 슬프다는 건 우리 인간들 생각이고요. 귀뚜라미 울음소리가 가을에만 들리는 까닭은 귀뚜라미들은 오직 가을에만 사랑할 수 있기 때문입니다. 노래하는 귀뚜라미들은 모두 수컷들입니다. 늦은 여름부터 귀뚜라미들은 짝을 맺기 시작해서 가을에 알을 낳지요. 암컷을 유혹하고 다른 수컷들을 쫓아내기 위해서 귀뚜라미들은 밤새 시끄럽게 울어댑니다. 귀뚜라미 울음소리는 사랑의 소리. 가을은 사랑의 계절. 혹시 귀뚜라미만도 못한 처지라 사랑으로 멍든 자죽도 없이 맞이하는 가을이라면, 귀뚜라미 울음소리가 가슴 깊이 파고드는 일에도 어쩌면 생물학적 근거는 있겠군요.

여름 나무의 추억

채호기

투명한 햇빛으로 들끓는 텅 빈 정적 속에서
모가지를 꺾고 툭툭 떨어지는 붉은 꽃들은
결코 네 얼굴이 아니다, 네 피가 아니다.

한여름 잎들의 샤워 꼭지에서 짙은 그림자를
쏟아붓는 진초록 그늘이 한결 너답다.
머리카락 그림자를 깊게 빨아들인 너의 얼굴,
검푸른 수면에 무지갯빛 반짝이는 기름을
띄운 듯 너의 얼굴에 햇빛 조각들이
가볍게 떠돈다.

햇빛 조명이 정오의 적막함을 밝게 비추고
불붙은 뜨거운 공기 사이로
짙푸른 잡풀들이 몸을 비튼다. 온갖
날벌레들의 날개 소리만이 귓속에 가득해서
거기 너로부터 아득히 먼 곳으로 나는 허공을
날갯짓도 없이 날아왔다.

저기 저 아래 바다 위에 촘촘히 떠 있는 섬들은
내가 네 밑에 물결처럼 드러누웠을 때 덮은
출렁이는 너의 진초록 잎들 같다.
올려다본 하늘 바다에 별이 된 너의 섬들,
섬으로 떠 있는 너의 잎들.

네게서 멀리 떠나왔을 때, 나도 모르게 나는
열매처럼 너의 이름을 입안에 넣어본다.
너의 맛을 모른다고는 할 수 없겠지. 하지만 이 여름
나는 결코 너의 이름을 입 밖으로 뱉어낼 수가 없겠구나.
안녕, 나의 진초록들이여.

환절기에는 사람도 자연의 일부라면 마땅히 변덕이 심해야만 할 것이라는 괴상한 주장을 펼치고 싶어집니다. 팔월도 다 끝나 간다면 여름옷 따위는 얼른 정리해서 옷장에 넣어버립시다. 그러다 더워지면 어쩌냐구요? 다시 꺼내 입으면 되죠. 날씨도 그렇게 왔다 갔다 하는데, 우리가 뭐 별수 있나요? 초지일관 일편단심 떠들어대는 사람들은 아마도 게으르고 호기심 없는 자들일지도 몰라요. 자연과 마찬가지로 순간순간 예전의 우리와 작별하고 새로운 우리가 되는 운명을 받아들이려면 얼마나 부지런해야 하는지. 환절기에는 아무렇지도 않은 듯 일 잘하는 사람들이 도무지 이해되지 않아요. 어떻게 그럴 수가 있는 거죠? 무슨 사이보그도 아니고, 분명히 다들 엄마들이 낳았을 텐데. 아무튼 환절기의 미스터리입니다.

검은 달, 흰 달

조용미

섬의 동쪽과 서쪽은 죽음과 삶만큼 닮아 있고
또 빛과 어둠처럼 달랐다
동쪽에서는 검은 달이, 서쪽에서는 흰 달이 떠올라
두 개의 달이 머리 위를 지나기도 했다

섬에서 모든 빛은 다 하늘색 페인트칠을 한
그 창을 통해 모여들었다

그 창으로 쏟아져 들어오던
바다를 거쳐온 혼돈과 푸른빛을
모두 다 꺼내어 만져보면
손바닥에서 바람 소리가 나기도 했다

흰 달이 검은 달이 되고
검은 달은 흰 달로 변해
바다 쪽으로 오래 끌려나가는 날이 있었다

나는 이 지상의
어느 먼 별에 와 있는 것일까

재작년 이맘때였지요. 포르투갈의 수도 리스본의 서쪽 끝 벨렘에 간 적이 있어요. 다들 에그타르트를 꼭 먹으라고 충고하던데, 마음이 급한 저는 폐관 시간이 얼마 남지 않은 해양박물관부터 들렀지요. 박물관을 다 둘러보고 나오니 이미 해가 저무는 시각, 천천히 강 쪽으로 걸어갔어요. 거기에는 엔리케 왕자 서거 500주기를 기념해서 세운 발견기념비가 있더군요. 그 탑을 보면서 엔리케 왕자를 생각했습니다. 죽을 때까지 자신은 단 한 번도 먼 여행을 떠나본 일이 없으면서도 그 왕자는 한평생 동양으로 가는 항로를 찾기 위해 거기 벨렘에서 선원들을 아프리카 남단으로 보냈다지요. 그렇게 해서 마침내 발견한 것이 바로 희망봉. 희망봉은 그 항로를 찾기 위해 미지의 바닷길로 나선 수많은 선원들의 실패가 있었기 때문에 가능한 이름입니다. 그러니 희망이란 역설적으로 거기 얼마나 많은 절망이 있었는지 말하는 단어가 아닐까요? 흰 달은 검은 달, 검은 달은 흰 달…… 누가 그런 말을 해도 이젠 이해가 갑니다.

젖지 않는 사람

이현승

죽은 사람의 가슴에 귀를 가져다 대듯이
나는 화분에 물을 주면서 귀를 기울인다

의심은 물줄기를 따라 뿌리들의 어두운 층계에 머문다
화분에서 물 떨어지는 소리가 들린다
귓속은 물을 채우기에는 너무 작은 용기이다

죽어가는 나무에 대해 생각하는 동안
저녁은 제 물줄기를 부어 텅 빈 집을
수족관처럼 빈틈없이 채운다

이럴 때 가장 어두운 동굴은
눈 속에 있는가 귓속에 있는가

어떻게 돌고래들은 해안을 향해 헤엄치기 시작하고
어떻게 나무는 스스로 죽을 결심을 하는가
어떤 바람이 나무에게서 호흡을 빼앗은 것인가

부활절 지나 벚꽃이 피면 제 생일이 돌아옵니다.(다들 다이어리에 적어주세요.) 지금까지 마흔 번쯤 생일을 보냈는데, 아쉽게도 그중에서 지금까지 생각나는 생일은 한 손으로 꼽을 정도네요. 기억나는 건 생일의 감탄사랄까. "와!"라는 게 초창기의 감탄사라면, "어라……"는 이십대의 감탄사, "이런이런……"은 삼십대의 것. 그렇다면 사십대는? 생일 같은 거 모르고 삽니다. 그렇게 될 줄 알았는데, 이게 웬일입니까? 사십 년 만에 처음으로 내 생일에 눈이 내렸습니다. 언제나 생일이라면 다시 달이 차고, 그 달은 봄 용으로 새로 만든 것이라 그 다음부터는 밤에 걸어 다녀도 따뜻해지는 그런 시절이라고 생각했는데, 눈이라니요. 인생 정말 멋지지 않나요? 인생에 대해 뭘 좀 안다고 말하기에는 아직 멀었어요.

안동식혜

안도현

경북 북부지방 여자들은 음력 정월이면 가가호호 식혜를 만드는데, 찹쌀을 고들고들하게 쪄서 엿기름물에 담고 생강즙과 고춧가루 물로 맛을 내 삭힌 이 맵고 달고 붉은 음식을 특별히 안동식혜라고 부른다

안동식혜를 담아온 사발에는 잘 삭은 밥알이 동동 뜨고 나박나박 썬 무와 배도 뜨고 잣이나 땅콩 몇 알도 고명처럼 살짝 뜨는데, 생전 이 음식을 처음 받아본 타지 사람들은 고춧가루에서 우러난 불그죽죽한, 그 뭐라 필설로 형용할 수 없이 야릇한 식혜의 빛깔 앞에서 그만 어이없어 '아니, 이 집 여인의 속곳 헹군 강물을 동이로 퍼내 손님을 대접하겠다는 건가?' 생각하고는 입을 다물지 못한다

그뿐이랴, 금방이라도 서걱서걱 소리가 날 것 같은, 입안으로 들어가면 잇몸을 순식간에 화끈 찌르고 말 것 같은 살얼음이 사발 위에 둥둥 떠 있으니 도저히 선뜻 입을 댈 수가 없다는 것이다

그런데도 안동에 사는 굴뚝새들은 잠 아니 오는 겨울밤에 봉창을 부리로 두드리며 "아지매요, 올겋에도 식혜했니껴?" 하고 묻고,

이런 밤 마당에는 목마른 항아리가 검은 머릿결이 아름다운 눈발을 벌컥벌컥 들이키기도 하는 것이다 십이월이 되니 겨울밤은 점점 더 깊어갑니다. 동네에 불이 다 꺼져도 가로등은 남아 있어 다행입니다. 가로등도 없던 시절에 사람들은 어떻게 겨울밤을 견뎠을까? 아무리 잠을 잔들 겨울밤보다 더 길게 잘 수도 없는데……. 하지만 이번 겨울만은 밤이 기다려지는 까닭은 칸트 덕분입니다. 전 칸트가 어떤 사람인지 잘 모릅니다. 그의 책은 무척 어려울 것 같아서 읽다 보면 기나긴 겨울밤도 금방 지나가지 않을까, 그런 단순한 생각으로 책을 샀습니다. 사고 보니 모두 네 권이나 되더군요.『순수이성비판』같은 것들. 아마 그가 평생 쓴 책들이 이 정도가 아닐까, 그런 생각이 들었습니다. 그래서인지 며칠 읽어보니 이 겨울을 다 바쳐도 읽을까 말까, 그런 생각이 들더군요. 나중에 이런 해설을 읽고 좀 웃었습니다. "마침내 그의 나이 57세를 넘긴 1781년 오월 말경에『순수이성비판』제1판이 리가의 하르트크노호 출판사에서 출간되었다." 아지매요, 올결에도 식혜했니껴? 그 구절을 읽는데 이 시가 생각나더군요. 겨울을 몇 번이나 겪어야 좀 살아봤다고 말할 수 있는지 궁금합니다.

눈 내리는 모래내의 밤

박형준

흰 부처가 상류에 있다지
일 년에 한 번씩 흰 칠을 한다는
부처가 있다지
오늘밤이 그날이라지
불꽃을 문 연등이
자갈밭에서
떠내려온다지

냇가 위
내부간선도로
흰빛들이 꾸물거리며
교각 위로 떠오른다
누에들이 뽕나무 위로 쉼없이 올라가듯
잠시도 쉬지 않고
떠오른다

빛은 집착을 만든다지
여인들이 부처의 몸에 흰 칠을 하며

아이 낳는 꿈을 꾼다지
마른 냇가에
붉은 연등이 떠내려온다지
상류에서
오늘 밤 흰 꿈이 내려온다지

어린 시절, 고향집 옥상에는 작은 전나무 화분이 하나 있었습니다. 일 년 내내 한데서 밤낮을 보내는 별 볼 일 없는 나무였지요. 하지만 해마다 크리스마스가 다가오면 그 전나무가 빛을 발했습니다. 부모님이 빵집을 운영하셨기 때문에 십이월이 되면 그 나무를 가게로 옮긴 뒤, 크리스마스트리로 만들었기 때문이지요. 금빛, 붉은빛, 푸른빛 유리구슬들도 매달고 꼭대기에 별도 붙이고. 어린 마음에 저는 왜 가게에 일 년 내내 그렇게 트리를 세워놓지 않는 것인지 궁금했습니다. 빵집 아들로서 분석해보니 그 전나무가 가게에 서 있을 때는 그렇지 않을 때보다 매출이 서너 배도 넘던데 말입니다. 크리스마스니까 케이크가 많이 팔린 것이지, 전나무와 매출은 아무런 관계가 없다구요? 연말은 어느 집이나 장사가 잘되는 대목이라구요? 전나무가 들으면 서운할 말씀이군요. 그럼 눈은 왜 내린다고 생각하시는지? 구름 속 수증기가 응결되어서? 흰 부처가 서운하겠군요.

나무와 시

임선기

성당 옆 작은 공원에 가면 나무가 있어
나무는 내게 의자를 내어주고
그늘을 내려주지 나는 아무것도 줄 것이 없네

성당 옆에서 떨어지는 잎새는 죽음보다 더 두려운
순간을 내게 떨구고 가네 길가에서 새를 보면
아름답고,
빛나는 붉은 심장이 하늘에서 우네

바람이 불고 바람이 불면 나무에 와서
많은 연인들이 고백을 하고 맹세를 하고
이별하는 것을 볼 수 있지 소용없는 일은
나무를 멀리 옮겨 놓는 일
바람이 다시 저 나무 흔들고,
나무 곁에는 늘 지나가는 첼로라는 악기

나무 곁에 머물 수 있을 때는
시를 읽을 수 있을 때

시를 다 읽고 나면
나무를 떠나야 할 무렵
그러나 저 성당이 생긴 것은 아주 오래전,
나무가 바람을 만난 것은 더 오래전
나는 아직 세상에도 없었을 그 오래전 일

작은 월간지를 만드시는 한 수녀님이 제게 원고를 청탁하려고 전화하셨습니다. 그 이야기를 듣자마자 내년에는 소설만 쓸 계획입니다, 라고 대답할 생각이었습니다. 그런데 그 수녀님이 혹시 신앙이 있느냐고 제게 물으시더군요. 우물쭈물, 세례를 받았지만 성당에 나가지 않은 지 꽤 오래됐다고, 좀 낮은 목소리로 말했습니다. 그럼 세례명은 무엇인가요? 수녀님이 재차 물었습니다. 꼭 혼나는 것 같아서 나도 모르게 움찔. 프란체스코입니다만……. 그러자 수녀님은 깔깔깔 웃으면서 저는 글라라예요, 라며 너무 좋아하시더군요. 겨울이 시작되기 훨씬 오래전부터 의기소침, 마음이 쓸쓸했는데, 그 웃음소리 덕분에 눈이 환해지는 느낌이었습니다. 전해오는 이야기에 따르면, 우리 언제 다시 만날 수 있을까요, 라고 글라라 수녀가 묻자 아마도 저 겨울산에 꽃이 필 때쯤이라고 프란체스코 신부가 대답했더니 그 자리에서 온 산에 꽃이 피었다더니, 아마 그게 그런 느낌이었을까요? 그날부터 제 앞길이 좀 환해졌습니다. 고맙습니다, 수녀님.

꽃차례

김명인

그가 떠나면서 마음 들머리가 지워졌다
빛살로 환하던 여백들이
세찬 비바람에 켜질 당할 때
그 폭풍우 속에 웅크리고 앉아
절망하고 절망하고서 비로소 두리번거리는
늦봄의 끝자락
운동모를 눌러쓰고 몇 달 만에 앞산에 오르다가
넓은 떡갈잎 양산처럼 받들고 선
꿩의밥 작은 풀꽃을 보았다
힘겹게 꽃 창 열어젖히고 무거운 머리 쳐든
이삭꽃의 적막 가까이 원기 잃은 햇살 한 줌
한때는 왁자지껄 시루 속 콩나물 같았던
꽃차례의 다툼들 막 내려놓고
들릴락 말락 곁의 풀 더미에게 중얼거리는 불꽃의 말이
가슴속으로 허전한 밀물처럼 밀려들었다
벌 받는 것처럼 벌 받는 것처럼
꽃 진 자리에 다시 써보는
뜨거운 재의 이름

시든 화판을 받들고 선
저 작은 풀꽃이 펼쳐내는 이별 앞에
병든 몸이 병과 함께 비로소 글썽거리는, 해거름!

지금도 강원도에 첫눈이 내린다는 뉴스를 보면 가슴이 떨려요. 살아오면서 딱 한 번, 첫눈 때문에 여행한 적이 있었거든요. 눈이 내릴 것이라는 일기예보를 듣고는 차를 타고 영동고속도로를 달렸지요. 그 차에는 그날 처음 만난 사람도 있었어요. 첫눈이 아니었다면 처음 만난 날, 그렇게 함께 여행을 떠나진 않았겠죠. 그렇게 해서 나는 1990년 겨울의 첫눈이 떨어지는 광경을 지켜본 목격자가 됐죠. 첫눈의 목격자. 혹시 1990년 겨울의 첫눈이 어땠는지를 두고 어떤 사람들이 싸우다가 법정까지 가게 됐다면, 나는 기꺼이 목격자로 진술하겠어요. 그해의 첫눈은 참으로 아름답게 내렸노라고. 그게 서른 살이 되던 해 시월의 마지막 노을이든, 하루 사이에 하얀 꽃들을 잔뜩 매달고 선, 고등학교 3학년 시절 교정의 벚나무든, 늦봄의 끝자락 넓은 떡갈잎 양산처럼 받들고 선 꿩의밥 작은 풀꽃이든, 자연의 목격자가 된다는 건 정말 멋진 일이에요. 외롭단 말을 하려다가도 보이는 것들이 있으니 그런 말들이 쏙 들어가죠.

걸스카우트

조동범

겨울이 가고 봄이 왔어요
엄마
구름은 젖은 그늘을 만들며 흘러가고 야영지는 낯선 별들로 가득했지요
어린 소녀들은 저마다 머리카락을 풀어 숲의 그늘을 더듬고 깊은 산의 골짜기는 한없는 그늘 속으로 사라졌어요
엄마
야영지의 설레는 첫 번째 밤이에요
수액이 된 흰 눈이 저마다 서글픈
꽃잎을 길어 올리는 소리가 들리는 밤이에요
산은 깊고, 거대한 소문처럼
숲의 어둠은 은밀하고 매혹적이었어요
소녀들은 눈물을 흘리며, 구름이 만든 그늘을 따라 입산했고요
골짜기의 그늘 속으로 사라진 몇몇은
새학기가 다가와도 하산하지 않았어요
야영지의 밤은 깊어만 가고, 사라진 소녀들은 쉽게 잊혔어요
봉우리마다 옮겨붙은 불길은
환하게 야영지의 어둠을 밝히고 있었고요

소녀들은 불길 속의,

놀랍도록 늙어버린 엄마들을 바라보며 경악했어요

불길 속의 엄마들은 비명을 지르며

소녀들을 향해 맹렬히 쏟아졌어요

소녀들의 온몸을 관통해,

생을 다한 별자리가 사라지고 있군요

야영지의 밤은 잊을래요

돌아오지 않은 소녀들의 이야기도 잊을래요

엄마의 이야기가 밤새도록 들려오는,

놀랍도록 무서운

야영지의 밤이니까요

놀랍도록 두려운

나는 아직 걸스카우트니까요

점점 나이가 드니까 하루하루 얼마나 빨리 지나가는지 그거 하나는 마음에 듭니다. 어릴 때는 롤러코스터 타는 거 좋아했는데, 이젠 놀이공원까지 찾아갈 필요도 없어요. 철마다 좋은 것들에 정신을 쏟는 게 잘 사는 것이라고 생각하는데, 요즘에는 그렇게 지내다가 정신 차려보면 겨울이었다가 봄이고, 여름이었다가 가을이고 그렇네요. 이건 뭐, 하얀 눈 위로 노랗고 붉은 꽃잎들이 마구 떨어지는 걸 보는 느낌이랄까. 법정 스님 입적하셨다는 얘기에 그분 책 처음 읽던 십대 후반의 나날들이 떠오르더군요. 인생은 꿈, 그런 따위는 떠들고 싶지 않아요. 그게 꿈이라면 한때는 지루할 정도로 긴 꿈이었고, 때로는 잊지 못할 정도로 달콤했던 꿈이었으니까. 그렇긴 해도 소년이었던 내가 언제 아버지가 된 것인지는 불가사의할 때가 많습니다. 어느 밤에 산에서 불길이 타올랐고, 그 다음 날부터 내가 아버지가 된 것이라면 이해하기 쉬울 텐데. 걸스카우트라는 단어만 들어도 마음이 애잔해지는 이유를 걸스카우트 단원들은 절대 모를 거예요.

4월아, 미안하다

심언주

4월아, 미안하다.
진달래꽃들에게 더 미안하다.
펜을 들고 더 미안하다.
3월을 지나온 바람아, 잘 가.

K 시인에게 부칠 편지 끄트머리에
3월이라고 썼다가
'3' 자와 '월' 자 사이에
+1을 끼워 넣는다.

3+1
3은 귀만 같은데 1은 무심히
귀를 베는 면도날
사과 엉덩이를 베는 시큼한 칼날
개미허리 위 구둣발
아래 봄은 피는데
브래지어 곁 넥타이
사이 꽃은 피는데

쉬잇, 쉿
말을 쪼개고
구름을 가르고
입술 앞 검지가
너를 겨누고 있는 중이다.
미안하다.
남산 끝
4월 하늘아,

2010년 사월과 오월 사이에는 압록강이라거나 남중국해라거나, 하다못해 국경을 알리는 작은 팻말이라도 있었나 봅니다. 오월로 들어오니 꼭 다른 나라에 입국한 것 같은 느낌이더군요. 늦도록 골목을 몰아치던 찬바람에 잔뜩 주눅이 들었던 철쭉이며 라일락 같은 꽃들이 이제 살겠다는 표정으로 다 피어 동네가 환해졌습니다. 사월의 학정에 시달린 불쌍한 백성의 꼴이 된 봄꽃들이랄까. 어쩌다가 우리가 오월 햇볕과 훈풍에 이다지도 감격하는 처지가 된 것일까요? 골목 한 귀퉁이를 걸으며 그런 한탄 비슷한 걸 해보다가 문득 저도 사월에게 미안해지는 게 아니겠습니까. 그렇게 춥고 우울했던 건 사월의 잘못이 아닐 텐데, 사월 내내 한 생각이라고는 "추워 죽겠어. 지긋지긋해"라는 말뿐이었네요. 사월은 무죄일 텐데, 철 모르는 시베리아 고기압이 더 문제였을 텐데. 사월아, 미안하다. 이제 다시 오지 않을 2010년 사월아.

저녁 스며드네

허수경

잎들은 와르르 빛 아래 저녁 빛 아래 물방울은 동그르 꽃 밑에 꽃 연한 살 밑에 먼 곳에서 벗들은 술자리에 앉아 고기를 굽고 저녁 스며드네,

한때 저녁이 오는 소리를 들으면 세상의 모든 주막이 일제히 문을 열어 마치 곡식을 거두어들이는 것처럼 저녁을 거두어들이는 듯했는데,

지금 우리는 술자리에 앉아 고기를 굽네 양념장 밑에 잦아든 살은 순하고 씹히는 풋고추는 섬덕섬덕하고 저녁 스며드네,

마음 어느 동그라미 하나가 아주 어진 안개처럼 슬근슬근 저를 풀어놓는 것처럼 이제 우리를 풀어 스며드는 저녁을 그렇게 동그랗게 안아주는데,

어느 벗은 아들을 잃고 어느 벗은 집을 잃고 어느 벗은 다 잃고도 살아남아 고기를 굽네
불 옆에 앉아 젓가락으로 살점을 집어 불 위로 땀을 흘리며 올

리네,

 잎들은 와르르 빛 아래 저녁 빛 아래 빛 아래 그렇게 그렇게 스며드는 저녁, 저녁 스며드네 한국의 음식문화는 참 이상해요. 손님이 오면 집에서 음식을 대접해야만 할 텐데, 귀한 손님일수록 식당으로 모시잖아요. 식당에 갔다면 남이 차려주는 대로 우아하게 먹고 와야만 할 텐데, 거기 가서는 또 손수 음식을 만들어 먹잖아요. 무슨 할 얘기가 있어서 만났다가도 처음에는 고기를 구워 먹느라, 나중에는 술에 취해서는 말도 제대로 못하곤 "자세한 얘기는 다음에 만나서"라고 말하며 헤어지죠. 피차 낯가리는 사람들이 사는 나라의, 서로 그 자리를 책임지지 않으려는 음식문화라고나 할까. 그런데 가끔 외국에 나가서 파티 같은 걸 하다 보면 그 이상한 음식문화가 그리울 때가 있어요. 사람이 언제나 말이 많을 수는 없잖아요. 때로는 그냥 만나서 밥만 먹고 와도 좋잖아요. 죽어라고 고기만 굽다가 올 수도 있고, 볼이 미어터지도록 상추쌈을 입에 물고 있어도 되고. 외국에서 향수병이 도질 때는 꼭 그럴 때였었죠. 물론 삼겹살에 소주도 한몫했지만.

사춘기
―야생동물 보호구역 6

권혁웅

인디애나 주의 단풍나무들은 17년마다 나이테를 부쩍 키운다 17년 매미(*Magicicada septendecem*)가 타고 오를 수 있도록 허리와 배에 힘을 주는 것이다

이제 다 큰 매미들이 졸업식 날 교복을 찢은 아이들마냥
새빨갛게 몰려나온다

줄무늬다람쥐가 탈자를 골라내듯 매미들을 먹어치워도
포식한 새들이 나는 걸 포기해도
매미들은 아랑곳하지 않는다

5월은 푸르구나, 다 자란 매미들은
수컷만 폭주족이다
매미의 발음근은 소음기를 뗀 오토바이여서
인디애나 주를
미시시피 강까지 떠메고 갈 기세다

환골은 없이 탈태만 하는 그 어린것들을 위해

17년 동안 나무는 수액을 내었다
매미는 나무에 안겨 어른이 되고 사랑을 나누고
그리고 죽는다 열흘 동안의 청춘,
그다음은 없다

1조 마리가 한꺼번에 비료가 되었으므로 나무들은 17년마다 나이테를 부쩍 늘인다 어린것들 대신에 나이를 먹었으므로 뱃살이 좀 붙는 것이다

입추에서 처서 사이는 제가 한 해 중 두 번째로 좋아하는 절기입니다. 처서가 가까워지면 하늘이 예뻐지기 시작하죠. 고적운들이 뭉게뭉게 떠가고, 달의 모서리는 더없이 날카로워지고, 바람은 시원하죠. 여름에서 가을로, 계절은 눈치채지 못할 만큼 아주 미묘하게 바뀌기 때문에 그 보름 동안에는 온몸의 감각을 열어놓아야 합니다. 그 미묘한 보름 동안 우리의 눈과 귀와 코와 입은 여름용에서 가을용으로 바뀌죠. 그걸 느껴보세요. 그러면 그 보름이 여름에게 작별하라고 있는 보름이라는 걸 알게 되죠. 그 다음부터는 여름 매미들은 잘 모르는 세상. 여름에 매미 소리가 너무 시끄럽다면, 소리치세요. 가을 단풍이 뭔지도 모르는 녀석들이! 그러거나 말거나 매미들은 계속 울어대겠죠. 열흘 동안의 청춘, 매미들에게는 그것으로 충분하니까. 가을 단풍 따위, 맴맴맴.

잉크빛 그늘

권현형

문이 닫혀 있었다, 다섯 시 반
저녁이 다가오는데도 유월 볕은 환했다
양양, 볕볕, 볕이 많은 오산리에서
선사시대 얼굴, 흙으로 빚은 얼굴이 발견되었다는데

닫힌 박물관 앞 너른 갈대 습지만 들여다보았다
습기의, 물기의 발원을 오래 생각했다
경포호처럼 바닷물과 민물이 만났을 것이고
물기를 따라 사람들이 흘러와 살았을 것이고 그때도

오월이면 물고기 꼬리에서 아카시아 향이 났을까
누군가 빼앗긴 애인을 되찾기 위해
신문지에 비수를 싸들고 가 구들장에 꽂았다는
내력이, 마음의 낭자한 지도를 따라
습지에서 흘러내려왔다면

짐승처럼 수렵만 한 게 아니라면
잉크빛을 토해내듯 짙은 그늘이

분명 흙으로 빚은 이마에도 스며들어 있을 텐데

그늘은 유물이 되어 안쪽에 보관되어 있다

문이 닫혀 있다면, 다섯 시 반이라면
오랜 시간이 흐르고, 지질학적 시간으로는
내일 누군가 잉크빛 그늘에 새겨진 물기를
햇볕 아래서 오래 생각하게 될 것이다

국립박물관이 새로 문을 열었을 때, 서둘러 찾아간 건 금동 미륵보살 반가사유상을 보기 위해서였죠. 전시실에는 반가사유상을 비추는 조명 하나뿐, 실내는 어두웠지요. 유리 상자 속 반가사유상을 보는데 여기저기 얼굴이 불쑥불쑥. 조명을 받아 유리 상자에 되비친 관람객들의 얼굴이었습니다. 그건 마치 천 년 동안 어둠 속에 머물다가 느닷없이 튀어나온 얼굴들 같았습니다. 그 얼굴들 사이 반가사유상은 막 잠든 사람처럼 앉아 있더군요. 천 년의 세월도 결국에는 하루하루가 쌓여서 된 것이라고, 지금 이 순간에는 지금 이 순간의 반가사유상을 보고 있는 것이지, 천 년 전의 반가사유상이 아니라고 말하는 것처럼.

전시실을 나와 카페테리아에서 빵을 사먹었습니다. 천 년은커녕 1분 뒤면 감쪽같이 사라질 맛이랄까. 그런데도, 아니 오히려 그렇기에 오랜만에 제대로 맛본 빵 맛이랄까.

책임을 다하다

문인수

은행나무 가로수 한 그루가 죽었다. 죽는 데
꼬박 삼 년이나 걸렸다. 삼 년 전 봄에
집 앞 소방도로를 넓힐 때 포클레인으로 마구 찍어 옮겨심을 때
밑둥치 두 뼘가량 뼈가 드러나는 손상을 입었다. 테를 두른 듯이
한 바퀴 껍질이 벗겨져버린 것,
나무는 한 발짝 너머 사막으로 갔다.

이 나무가 당연히 당년에 죽을 줄 알았다. 그러나
삼 년째, 또 싹이 텄다. 이런, 싹 트자마자 약식절차라도 밟았는
지 서둘러 열매부터 맺었다. 멀쩡한 이웃 나무들보다 먼저
가지가 안 보일 정도로 바글바글 여물었다. 오히려 끔찍하다, 끔찍
하다 싶더니 이윽고
곤한, 작은 이파리들 다 말라붙어버렸다. 나는
나무의 죽음을 보면서 차라리 안도하였으나,
마른 가지 위 이 오종종 가련한 것들
그만, 놓아라! 놓아라! 놓아라! 소리 지를 수 없다. 꿈에도 들어
본 적 없는 비명,
나는 은행나무의 말을 한마디도 모른다.

김훈의 『공무도하』라는 소설을 읽다가 우리가 사는 도시에서 해마다 얼마나 많은 가로수들이 죽는지 알게 됐습니다. 도시의 땅은 척박하여 옮겨 심은 나무들은 쉽게 뿌리를 내리지 못한다고 하더군요. 이 시에 나오는 것처럼 뿌리를 다치거나 풍토에 적응하지 못해서 시한부 인생을 산다고 하더군요. 도처에 이런 가로수들이 즐비한데도 우리가 사는 이 도시에서 죽은 나무를 만나는 일이 그토록 어려운 까닭은 무엇일까요? 죽기 직전의 나무들을 이송하는 앰뷸런스라도 있는 것일까요? 그건 구청 직원들이 참으로 부지런하기 때문이에요. 구청에서는 열심히 죽은 나무의 흔적을 없애죠. 우리의 세금이 하는 일 중에는 그런 것도 있어요. 그런 것들은 눈에 보이지 않아야 이 세속도시가 잘 굴러갈 테니까. 하지만 안 보인다고 해서 존재하지 않는다는 말은 아니죠. 이 그럴듯한 도시에서 죽음은 잘 안 보이지만 그게 없다는 뜻은 결코 아닌 것처럼.

으능의 가을

박기섭

국립 박물관 뜰에 으능의 가을이 왔다

가야사 강좌를 듣는 중년의 여인들이

몇 장씩 책장을 넘기며 재우치는 가을이 왔다

닦아 금은 될 양이면 돌인들 못 닦으랴

번지는 녹물 속에 왕조는 이미 기울고

몇 조각 흙그릇으로는 다 못 담을 가을이 왔다

은행나무를 으능나무라고 부르는 고장이 있는 모양이네요. 으능나무가 무엇인가 찾아보다가 은행나무의 잎사귀가 오리 발가락을 닮아서 오리다리나무라고 부른다거나, 할아버지가 심은 나무의 열매를 손자가 딴다고 해서 공손수公孫樹라고 부른다는 것도 이번에 처음 알았습니다. 2009년 가을, 마음이 너무나 슬프던 시절, 친구집에 놀러 갔다가 은행나무가 유명하다기에 양평 용문사를 찾아갔습니다. 과연 올라가는 길이 은행나무들로 노랗게 물들었더라구요. 그 많은 은행나무들의 어머니처럼 용문사 아래에 1100살이 넘었다는 은행나무가 서 있더군요. 그 은행나무를 심은 사람이 마의태자라던가, 의상대사라던가? 1100년도 전에 살았다던 그 누군가에게 고맙더군요. 1100번의 가을을 이 은행나무는 다 살았다는 말인데, 그 사실에 저는 위로받았으니까요.

가을이라는 물질

이기철

    가을은 서늘한 물질이라는 생각이 나를 끌고 나무나라로 들어간다
    잎들에는 광물 냄새가 난다
    나뭇잎은 나무의 영혼이 담긴 접시다
    접시들이 깨지지 않고 반짝이는 것은
    나무의 영혼이 담겨 있기 때문이다
    햇빛이 금속처럼 내 몸을 만질 때 가을은 물질이 된다
    나는 이 물질을 찍어 편지 쓴다
    촉촉이 편지 쓰는 물질의 승화는 손의 계보에 편입된다
    내 기다림은 붉거나 푸르다
    내 발등 위에 광물질의 나뭇잎이 내려왔다는 기억만으로도
    나는 한 해를 견딜 수 있다
    그러나 너무 오만한 기억은 내 발자국을 어지럽힌다
    낙엽은 가을이라는 물질 위에 쓴
    나무의 유서다
    나는 내 가을 시 한 편을 낙엽의 무덤 위에 놓아두고
    흙 종이에 발자국을 찍으며 돌아온다

예술이란 모두 시간예술이에요. 오랜 시간 공들이면 무조건 예술이 됩니다. 예술을 하려고 꼭 소설을 출판하거나 전시회를 열어야만 하는 건 아니에요. 예컨대 매일 같은 하늘을 찍는다면 그것도 어엿한 예술입니다. 일주일만 찍고 그만두면 그냥 하늘을 찍은 무의미한 사진들에 불과하겠지만, 가을이 시작될 때부터 끝날 때까지 매일 찍는다면, 그래서 첫눈이 내리는 날 그 사진들을 인화해서 벽에 붙여놓는다면 작품이 되는 거죠. 그게 아니라면 이번 가을, 웃음의 리스트를 작성하는 건 어떨까요? 웃을 때마다 웃게 된 이유와 웃음의 강도를 기록하는 겁니다. 그리고 겨울이 시작되기 전에 그 리스트를 아는 사람들에게 들려주면 그것도 하나의 예술. 이런 것도 예술이 되는 까닭은 모든 가을은 우리에게 단 한 번뿐이니까. 흘러가면 다시 오지 않을 테니까. 매일 하늘을 사진으로 찍거나 웃음을 기록한 사람은 당신 하나뿐일 테니까.

간밤에 추하다는 말을 들었다

허연

배고픈 고양이 한 마리가 관절에 힘을 쓰며 정지 동작으로 서 있었고 새벽 출근길 나는 속이 울렁거렸다. 고양이와 눈이 마주쳤다. 전진 아니면 후퇴다. 지난밤이 고스란히 남아 있는 나와 종일 굶었을 고양이는 쓰레기통 앞에서 한참 동안 서로의 눈을 바라보며 서 있었다. 둘 다 절실해서 슬펐다.

"형 좀 추한 거 아시죠."
얼굴 도장 찍으러 간 게 잘못이었다. 나의 자세에는 간밤에 들은 단어가 남아 있었고 고양이의 자세에는 오래전 사바나의 기억이 남아 있었다. 녀석이 한쪽 발을 살며시 들었다. 제발 그냥 지나가라고. 나는 골목을 포기했고 몸을 돌렸다. 등 뒤에선 나직이 쓰레기 봉투 찢는 소리가 들렸다. 고양이와 나는 평범했다.

간밤에 추하다는 말을 들었다.

2010년이 되면서 이제 저도 확실히 마흔 살은 넘었습니다.(요즘엔 정확한 나이를 몰라요. 아니, 별로 알고 싶지 않아요.) 마흔이 지나니 참 좋네요. 해가 바뀌면서 스스로 자랑스럽다는 생각이 듭니다. 이십대처럼 이제 더 이상 어병한 실수는 많이 하진 않을 거니까. 눈길에 낙상을 주의할망정 나를 사랑하지도 않는 자들이 내뱉는 부주의한 말들에 상처받을 일은 없을 거예요. 혈관이 좀 두꺼워지면서 얼굴도 심장도 두꺼워졌으니까요. 내 마음 좀 알아달라는 소리하면서 징징 짜느니 밤길을 좀 걷겠어요. 걷다 보면 금방 다른 생각이 날 테니까요. 마흔이 지나서야 나를 사랑하는 법을 알게 됐다고나 할까요.

섬말 시편
—잎

김신용

아무도 없는 새벽의 강가에 선다. 고인 듯 흐르는 강물은
저 혼자 흐르고, 수면 위에는 희미한 물안개가 피어오른다
저 고인 듯 흐르는 흐름의 속삭임은, 갈대의 귀를 가져야만
들을 수 있겠지만, 새들도 아직 잠에서 깨어나지 않았는지
갈대밭도 적막 한 채 짓고 미명 속에 잠겨 있다. 이 고요는
적막의 문에 걸린 커다란 자물쇠여서, 내가 한 잎으로
돋아나야만 흐름의 속삭임이 들릴 것 같아, 발소리도 죽인 채
가만히 새벽의 강가에 서면, 내 그림자도 물 위에 비친
나무의 그림자처럼 수면에 젖는다. 이 혼융은, 강바닥에
가라앉은 돌의 눈빛을 지니고 있어, 몸 낮춘 것들의 흐름이
물결무늬로 어룽져 와, 그 흐름이 가 닿는 소실점도 갈대의
눈시울에 젖는다. 어쩌면 저 갈대의 흔들림 속에도 아름드리
적막을 베어 넘기는 벌목의 바람이 묻어 있으리—베어 넘긴
적막으로 뗏목을 만들어 세찬 여울을 타고 흐르는, 숨결도
묻어 있으리—그래, 자신의 심장을 스스로 꺼내볼 수는 없겠지만
강바닥에 가라앉은 돌의 눈빛으로 몸을 낮추면, 저물어서
뉘어놓았던 마음들도 저 흐름의 결대로 흘려보낼 수 있을 것 같아
오늘도 이 새벽, 아무도 없는 강가에 혼자 툭 돋는다

제 심장을 제가 꺼내볼 수는 없겠지만, 마치 撐木에서
버섯이 돋아나듯, 그렇게 한 잎으로 툭 돋는다

우리가 허망한 말들, 가벼운 말들, 거짓된 말들을 더 잘 듣는 건 그것들은 귀를 기울일 필요가 없어도 들리는 소리들이기 때문이죠. 확성기를 든 장사치의 목소리 같은 것들. 우리에게 중요한 말들은 그렇게 크게, 또렷하게 들리지 않지요. 귀를 기울여야만 하지요. 새벽의 강변에 나가 강의 목소리에 귀를 기울여본 사람이라면 알겠죠. 귀를 기울인다는 건, 온몸으로 듣는다는 뜻이라는 걸. 침묵 속에는 침묵만 있는 게 아니라는 걸. 그러고 보니 언젠가 내가 들은 강의 낮은 음성에는 이런 게 있었습니다. '어떤 강도 똑바로 흐르지 않는다. 그러나 어떤 강도 바다로 가는 것을 포기하지는 않는다.'

제 이름은 야한입니다

김민정

한 시인의 시집이 인쇄되고 있었다
불교방송에서 밤 프로그램을 진행하는 그에게
고가의 만년필을 선물하는 여승도 있다 했다
한 시인의 시집이 채 다 인쇄되기도 전에
시인보다 앞서 새 시집을 찾는 전화가 걸려왔다

여기는 내가사라는 절입니다
시집 100권 주문합니다
주소 불러드릴게요
경남 밀양시 무안면 내집리 553
제 이름은 야한입니다
받는 사람에
야한 스님, 이렇게 쓰시면 됩니다

그로부터 스님과
몇 통의 문자 메시지를 주고받았다
밀양 하면 다들 전도연으로 압니다만,
내가사는 여자가 머물기에 참 좋은 절이지요

한번 놀러오라 그리도 말씀하셨으나

여직 스님 떠올리면 야한이니

아직 갈 때가 아닌 듯해 나는 차일피일이다

어느 날, 동네 도서관에 갔더니 광장에 눈이 잔뜩 쌓였더라구요. 저렇게 눈이 쌓이도록 나는 몰랐네. 혼자 중얼거렸어요. 눈은 내리지 않았으니까요. 그건 인공 눈이었습니다. 그걸로 뭘 하나 지켜봤더니 조각가들이 눈으로 조각을 하더군요. 촛불이나 크리스마스트리 같은 것들. 2층 높이의 미끄럼틀도 만들었어요. 그중 가장 큰 것은 산타클로스 할아버지의 얼굴이었습니다. 옆에 서보니 내 키보다 훨씬 더 큰 얼굴. 산타클로스는 꼭 온몸이 땅속에 묻힌 사람 같더군요. 다음 날엔 비가 내렸습니다. 겨울이 따뜻해서 좋긴 한데, 앗, 그런데 산타클로스 할아버지는 어떻게 하나요? 다 녹았으려나, 어쩌려나. 걱정이 이만저만이 아니었는데, 버스 타고 도서관을 지나가다 보니 어디서 구했는지 비닐을 뒤집어쓰고 있더군요. 갑자기 내리는 비에 당황해서 비닐봉지라도 뒤집어쓴 멋쟁이 할아버지랄까. 우산이라도 사드리고 싶더군요.

나의 인사

이영주

　당신이 보여요, 란 말은 아프리카식 안부 인사랍니다. 나는 종잇조각처럼 몸을 접고 고해소 안으로 들어갔습니다. 촘촘한 구멍에 대고 무슨 인사를 하겠어요? 진짜 인생은 서른부터 시작되었습니다. 툭 불거진 이마를 제단에 대고 기도의 공식을 외웠습니다. 나는 당신의 뚱뚱한 손가락에서 읽히고 싶은 사람.

　아무도 나를 보지 않네요. 신을 선택할 사이도 없이 세상의 끝으로 갑니다. 풍경은 하나의 취향. 철책이 세워진 운동장. 왼쪽 뺨에 남은 손자국. 피 묻은 롤러스케이트. 장면만 남은 시간은 보속 기도* 몇 번이면 사라진답니다. 아, 그런데 당신은 단 한 번도 내게 인사를 하지 않네요.

　고해소 쪽문을 손가락으로 두들기는 당신. 우주의 비밀은 당신 머리통에서 점점 새까매집니다. 봉인된 글자 안에 나를 두고 나옵니다. 무엇을 고백해야 할까요? 이제부터 나는 아무것도 상관없이 서른입니다.

　젊은 예수는 목을 오른쪽으로 꺾고 내려가지 못할 바닥만 쳐다

봅니다. 나는 예수의 아랫도리를 천천히 만져봅니다. 인사합니다. 안녕! 당신이 보여요! 나는 좀 더 친밀한 아프리카 취향입니다. 손등에서 햇빛의 투명한 뼈가 자라납니다.

* 죄로 인한 나쁜 결과를 보상하는 기도.

그러니까 줄루족의 안부 인사는 사우보나sawubona라고 한다지요. 글자 그대로 옮기자면, '나는 당신을 봅니다'라는 뜻이죠. 작년에 제임스 캐머런 감독의 영화 〈아바타〉를 보다가 이 인사말을 들었습니다. "나는 당신을 봅니다"라고 말할 때는 그 사람을 둘러싼 모든 것들의 역사를 본다는 뜻이더군요. 제가 태어날 때부터 죽을 때까지 모든 걸 볼 수 있는 사람이 있다면 어떨까요? 그 사람은 아마도 내가 왜 태어났는지, 또 무엇을 위해 살았는지, 그리고 어떤 마음으로 죽을지 다 알 수도 있겠네요. 나는 당신을 봅니다, 그건 당신이 살아야 할 이유를 압니다, 그런 뜻일지도 모르겠습니다. 만나는 사람마다 건네고픈 인사군요.

□ 책을 내면서 □

날마다 시를 읽는다는 것

　모르는 사람이 많겠지만, 나는 본래 시로 등단한 사람이다. 한때 나의 하루 일과 중에서 가장 많은 시간을 차지하는 게 시를 쓰는 일이었다. 눈에 보이는 것들, 들리는 것들, 생각나는 것들을 모두 시로 썼다. 그때는 시를 쓴다고 생각했지만, 그건 어쩌면 메모광의 강박적인 기록이었을지도 모른다. 그때 쓴 시들은 모두 그대로 남아 있다. 이사할 때마다 그걸 없애버릴까, 그대로 둘까 고민이지만 쉽게 없애지 못한다. 그중에 후대에 길이길이 남길 만한 명편이 수두룩하기 때문이라고는 절대로 말하지 못하겠다. 다만 그건 유물과도 같은 것이기 때문에. 말하자면 시에 빠져서 살았던 이십대 초반의 서너 해 동안의 유물이랄까. 해저에서 건져 올린 고려시대의 유물인 양 그 노트들을 분석하면, 여기에 시라면서 무엇을 긁적인 사람은 바로 긁적이는 이 행위 자체로 좋았겠구나, 그런 결론에 이를 것 같다. 내게 시를 쓴다는 건 그저 좋아서 하는 일에 불과했다. 발표하긴 했지만, 남들에게 보여주고 싶은 마음은 전혀 들지 않았다. 나는 시인으로서 미성숙한 채로 결국 시를 더 이상 쓰지 않게 됐다. 그러므로 지금은 시인이었다고 말하는 일조차 불가하다고 생각한다.

본격적으로 소설을 쓰기 시작한 뒤부터 나는 시를 많이 읽지 못했다. 주로 자료를 찾아서 읽었다. 자료로 읽는 책들에는 사실의 세계만 나왔다. 사실의 세계는 내게 필요한 것과 필요하지 않은 것이 확실하게 갈렸다. 나는 필요하지 않은 부분을 읽지 않고, 필요한 부분만 찾아서 읽었다. 한동안 그런 식으로 책을 읽었더니 읽기의 교정이 필요했다. 좋아서 읽는 일을 안 한 지가 너무 오래된 것이었다. 나는 원래 좋아서 책을 읽은 사람이다. 이 좋다는 것의 의미는 참으로 오묘하다. 재미가 있다는 말이기도 하지만, 어떤 경우에는 재미가 없는데도 좋을 때가 있었다. 수학책도 즐겨 읽는데, 이건 내게 전적으로 무용한 세계에 대해서 알아간다는 즐거움 때문에 읽는다. 이해하기도 힘들고 지루하며 재미도 없는데도 읽는 게 좋다. 세상에는 이런 종류의 좋음도 있는 것이다. 시를 읽는 즐거움 역시 오로지 무용하다는 것에서 비롯한다. 다른 이유 없이 오직 그 언어만을 순수하게 소비한다는 점에서는 어쩌면 훨씬 탐욕적인 독서일지도 모르겠다. 소비할 것은 언어뿐이므로 나는 게걸스럽게 시의 문장들을 받아들인다. 하루 중 얼마간을 그런 시간으로 할애하면 내 인생은 약간 고귀해진다.

이 책에 실린 시들은 2009년 11월부터 2010년 11월까지 13개월 동안 내가 읽은 것들이다. 〈한국일보〉에서 처음 청탁을 받았을 때는 고사할 생각이었다. 시를 제대로 읽지 않은 지 오래됐기 때문에 아무래도 내가 시를 제대로 볼 수 있을지 자신이 없었다. 하지만 그럼에도 한번 해보겠다고 말했다. 그 무모한 자신감은 전적으로 그저 좋아서 매 순간 시를 노트에 적던 이십대 초반의 서너 해 덕분이었다. 그 시간들은 잘해봐야 시인으로 등단해서 시집 한 권을 낼 수 있을 뿐, 아무런 생산성이 없는 전적으로 무용한 시간으로 느껴졌는데 그게 아니었던 모양이었다. 결과적이지만 어쩌면 그로부터 십몇 년이 지나서 13개월 동안 시를 읽기 위해서 보낸 시간인지도 몰랐다. 그래서 이제 와서는 좋아서 읽는 그 모든 책들은 무용할 수 없다고 말할 수 있겠다.

우리가 지금 좋아서 읽는 이 책들은 현재의 책이 아니라 미래의 책이다. 우리가 읽는 문장들은 미래의 우리에게 영향을 끼친다. 그러니까 지금 읽는 이 문장이 당신의 미래를 결정할 것이다. '아름다운 문장을 읽으면 당신은 어쩔 수 없이 아름다운 사람이 된다.'

시를 읽는 동안 우리는 어쩔 수 없이 무용한 사람이 된다. 시를 읽는 일의 쓸모를 찾기란 무척 힘들기 때문이다. 아무런 목적 없이 날마다 시를 찾아서 읽으며 날마다 우리는 무용한 사람이 될 것이다. 하루 24시간 중에서 최소한 1시간은 무용해질 수 있다. 아무런 이유가 없는데도 뭔가 존재한다면, 우리는 그걸 순수한 존재라고 말할 수 있으리라.

우리는 날마다 시를 읽는 것만으로도 그 순수한 존재를 경험할 수 있다. 시에서 말하는 대부분의 것들, 즉 은행나무며 초승달이며 바다 같은 것들이 모두 그렇게 순수하게, 즉 존재하기 위해서 존재한다. 시를 읽는 시간 역시 그런 식으로 존재한다. 순수하게. 매일 반복적으로 행할 수 있는 이 순수한 존재의 경험을 통해 결국 우리는 이 세계뿐만 아니라 인생 전반의 모호한 현상들을 이해할 수 있을지도 모른다. 하지만 그런 것들도 모두 나중의 일이다. 지금은 그저 아무런 목적이나 쓸모 없이 하루 중 얼마간 시간을 내어 언어를 읽는 일이 우리에게는 중요하다. 다른 책도 좋겠지만, 시를 읽는 게 제일이다.

이 책은 그렇게 보낸 시간들의 결과물이다. 독자들도 이 책을 통해 그런 시간들을 경험하고, 더 나아가 평생 그 경험을 일상적으로 반복할 수 있다면 더할 나위가 없겠다.

2010년 12월
김연수